grafo-
mania-
tics

Sensual

Constante

Ordenado

Generoso

grafo-mania-tics

Sensual

Constante

Ordenado

Generoso

¿Te atreves a descubrir los secretos de tu letra?

María Fernanda Centeno

AGUILAR

Título original: *Grafomaniatics*
¿Te atreves a descubrir los secretos de tu letra?
Primera edición: octubre de 2015
D. R. © 2015, María Fernanda Centeno
D. R. © 2015, de la presente edición en castellano para todo el mundo:
Penguin Random House Grupo Editorial, S.A. de C.V.
Blvd. Miguel de Cervantes Saavedra núm. 301,1er piso,
colonia Granada, delegación Miguel Hidalgo, C.P.11520,
México, D.F.
www.megustaleer.com
© 2015, Ramón Navarro, por el diseño de cubierta
© Blanca Charolet, por la fotografía de la autora
© 2015, Céline Ramos, por las ilustraciones
© 2015, Fernando Coca, por el prólogo

ISBN: 978-607-31-3562-7

Printed in Mexico – Impreso en México

El papel utilizado para la impresión de este libro ha sido fabricado a partir de madera procedente
de bosques y plantaciones gestionadas con los más altos estándares ambientales, garantizando
una explotación de los recursos sostenible con el medio ambiente y beneficiosa para las personas.

Penguin
Random House
Grupo Editorial

Dedicatoria

A ti, mamá, por enseñarme tantas cosas, por estar siempre conmigo. Te amo.

A ti, papa, por ser mi espejo, el mejor hombre del mundo, el más guapo de todos los hombres.

A mamá Carmelita, mi gran compañera, mi abuelita preciosa.

A mi abuelito, que está en el cielo, mi gran amor, eres la ausencia con la que aprendo a vivir.

A mi abuelo Arturo, quien está muy vivo, te quiero abuelo, y a María de los Ángeles que también está en el cielo.

A Carla Estrada, gracias por tanto, por esta escuela de vida, por tu amor, por estar siempre al pendiente de mí, por cuidarme, por quererme.

A Nino Canún y Mónica Alcaraz, gracias por todo, siempre son dos luces enormes, y al equipo de *HOY*, que siempre me hecho sentir como en casa, en familia.

A *El Mañanero*, a Víctor Trujillo quien me da la mano siempre. A Fernando Coca por esa capacidad de querer: te quiero y cada día te admiro más. A Paty Vela, me has enseñado el valor de la amistad, eres una mujer valiente y honesta.

A mis hermanos: Montserrat, te amo muchísimo, admiro tu valentía, tu fortaleza. Miguelito, eres la fuerza y la nobleza en el mismo cuerpo, eres una gran persona, serás un gran hombre y yo estaré ahí para verte. Jorge Alfonso, mi chiquito, el bebé más bonito y más inteligente del planeta. Mis hermanos: mis amores, mis personas favoritos, grandes luces en mi vida, mis motores, mi inspiración.

A Eli, mi gran amiga.

A Gus Rodríguez, gracias por estar conmigo en las buenas y en las malas.

A Glenda Reyna, te quiero con locura , te admiro, te aprendo y te respeto profundamente.

A nuestro yorkie, la vida es mejor contigo, gracias por re-enseñarme el mundo.

A ti, mi amor, Carlos Marín, porque tú me entiendes, me conoces y me quieres, eres el amor de mi vida, mi sueño hecho realidad: GRACIAS MI AMOR.

A ti que me estás leyendo... GRACIAS

Maryfer

Índice

Parte 1. *¿Te conoces? Juguemos...*

Parte 2. *Amor, sexo y pareja*

Parte 3. *Éxito y dinero*

Prólogo

Fernando Coca

Hasta hace pocos meses tenía la certeza de que la Grafología era un instrumento de juzgados y bancos, de novelas, películas y series de televisión. La escritura del "malo" en cuestión era una pista para dar con él. Y el delito cometido era un fraude en el que se falsificaba una firma.

Circulando por las calles aledañas a la sede del Tribunal Superior de Justicia del Distrito Federal, vi cartulinas con letreros escritos con plumón en las que varios grafólogos ofrecían sus servicios para actuar en casos judiciales que se desarrollan en los juzgados de la Ciudad de México.

Nunca pensé que conocer a una profesional de esta materia, daría un vuelco a mi visión sobre este tema, ayer tan ajeno y hoy tan presente en mi tarea profesional.

Conocí a María Fernanda Centeno por la productora de *El Mañanero*, con Brozo. Durante semanas, sino es que meses, Paty Vela nos comentó a Víctor Trujillo y a mí de la existencia de una grafóloga fuera de serie. Nos platicó de su incursión en los medios electrónicos de comunicación y nos invitaba a conocerla. "Algo bueno puede salir", nos decía.

Víctor decidió que nos entrevistáramos con ella al regreso de unas vacaciones. Y así sucedió. Después de esa entrevista, Mari Fer Centeno inició su colaboración con nosotros en el programa.

Hace unas semanas llegó a mis manos este texto escrito por Mari Fer. En él conocí otras utilidades de la grafología: no sólo sirve para rechazar cheques en los bancos porque "la firma no coincide", tampoco es sólo un instrumento de los escritores para dar pistas y encontrar al villano de la historia. No. La grafología también ofrece otras herramientas para saber cómo son otras personas y cómo somos, y en este libro vamos a encontrar las características de muchas personalidades.

¿Alguno de ustedes sabía que en las entrevistas de trabajo, muchas empresas le piden a un grafólogo estudiar la firma y un escrito de los candidatos potenciales? Pues sí. Los reclutadores se fijan cómo escribe un posible empleado de la empresa. Esto no implica si tiene bonita o fea letra, no, sino que los rasgos de la escritura pueden darnos "norte" si el candidato tiene el perfil para ocupar el puesto en nuestra área de ventas o de creatividad.

La grafología también nos da muchos elementos para saber si una persona está enferma y en qué grado.

No lo vas a creer, pero tu letra puede darle a tu pareja una noción de cómo eres en la intimidad. (¡Alto, lujuriosos, terminen de leer esto!)

Este libro de Mari Fer es divertido, es ágil y, además, aleccionador. Sin duda, como me pasó a mí, en cada parte se detendrán para buscar papel y lápiz para hacer los ejercicios que se mencionan.

En los últimos tiempos hemos escuchado que somos lo que comemos.

Este libro nos dice: *somos lo que escribimos y c*ómo lo hacemos.

Hay una ventaja al leer este libro: si requieres saber cómo tu escritura te puede llevar al éxito y al dinero, pues comienza por leer la tercera parte en la que te dirán en qué se fijan las empresas para contratarte; también podrás conocer cuál es tu vocación profesional y cómo obtener más ganancias gracias a los rasgos de tu letra.

Si lo que deseas es conocerte mejor, la primera parte es esencial: puedes descubrir quién eres por cómo escribes, incluso saber por medio de la letra por qué las enfermedades llegan.

La parte dos del libro habla de amor y pareja.

María Fernanda nos dice cómo huir de las parejas toxicas y también cómo no ser una pareja contaminante. Nos da santo y seña de qué tan sexuales somos y cuál es nuestra personalidad sexual. Te vas a sorprender... y después te divertirás y gozarás más. ¿Somos infieles o celosos? ¿Eres compatible con tu pareja? Tu letra te dará muchos elementos para saberlo.

Ya tienes en tus manos una herramienta para mejorar, no tu letra, sino tu vida personal y profesional.

Luego de leer a María Fernanda Centeno me puse a pensar que, como reportero, si tuviera el comentario de un grafólogo acerca de las personas que describía en mis reportajes, tendría más elementos para describirlas de mejor manera y entender los *cómos* y *porqués* de sus hechos, dichos y actitudes.

Reitero, si tú, como yo, pensó que la grafología era cuestión sólo de bancos, juzgados o novelas, películas y series de televisión, aquí está la mejor prueba de que estábamos equivocados.

Introducción
Grafología y grafoterapia

Con la lectura de este libro te desprenderás de la idea de que la letra es "bonita" o "fea", y ampliarás tu perspectiva para descubrir que la escritura refleja nuestra personalidad y que, desde este punto de vista, nadie es totalmente bueno o malo, "bonito" o "feo".

Comprenderás que la grafología es una herramienta que te permitirá describirte, reconocerte y descubrir a los demás a partir de la escritura; vas a saber qué pasa por la mente del otro, y la tuya, incluso cuando no te atreves a mirarte en el espejo.

Pero, ¿qué es la grafología? Es la neurociencia que analiza la personalidad por medio de la escritura. Cuando escribes, el cerebro, a través de impulsos nerviosos, transmite información a las terminales de las manos; o de cualquier otra parte del cuerpo con la que escribas, como la boca o los pies para quienes tienen una discapacidad. Como sabes, el cerebro contiene todo lo que piensas, sientes y eres, tus habilidades y debilidades, los tipos de inteligencia predominantes en ti, entre muchas otras cosas, y eso se expresa en la escritura. Por eso tienes diferentes tipos de letra, porque responden a tus estados de ánimo y a los cambios que experimentas, hoy escribes diferente que en el pasado porque has cambiado.

La grafología es una ciencia, no un arte adivinatorio; en el ámbito jurídico tiene pleno valor probatorio, es decir, en un juicio, una pericial en materia de grafología o grafoscopía tiene reconocimiento pleno. Esto sucede porque la letra no se puede fingir, aunque exista un esfuerzo consciente por modificarla, su esencia permanece.

Si eres zurdo quizá te preguntes, ¿qué onda conmigo? Como ya mencioné, en la grafología importa cómo escribes y no con qué escribes; sin embargo, quienes escriben con la mano izquierda suelen trabajar con los dos hemisferios cerebrales, lo que significa que entran en juego simultáneamente la inteligencia lógica y creativa. Lo que se hace evidente en la escritura, como rasgo de la personalidad.

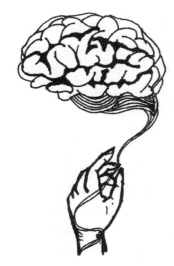

La escritura es un proceso neurofisiológico.

Grafoterapia

La grafología ha dado lugar a la grafoterapia, que consiste en que un especialista analice tu letra y, a través de ella, identifique aquello que no está funcionando para ti, luego, te da la tarea de modificar rasgos específicos conscientemente, por un tiempo determinado. El cambio en el rasgo enviará un mensaje al cerebro, que a su vez devolverá la información a las terminales nerviosas, cambia tu letra y modificará tu conducta. Recuerda que tus pensamientos se vuelven acciones y las acciones, destino.

La grafoterapia posibilita transformaciones de vida, debido a la plasticidad del cerebro, que es la capacidad de las células nerviosas para regenerarse anatómica y funcionalmente en respuesta a los estímulos del ambiente para adaptarse; para ello, cuenta con una reserva de miles de neuronas listas para integrarse en la red y realizar funciones: crear nuevas entradas de la información, fortalecer conexiones o generarlas, interpretar información, responder y aprender.

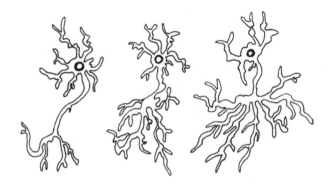

Científicamente se ha comprobado que la enfermedad tiene orígenes emocionales: primero se enferma el alma y después el cuerpo. Cuando tu mente o tus emociones sufren, debes escucharlas, cuando te duele el cuerpo necesitas poner atención a su mensaje. La grafoterapia te permite conocer el origen de tu dolor físico o emocional, y también te da las herramientas para sanar. En tu mente está todo: tu cura y tu enfermedad.

GRAFOTERAPIA
cambian tus pensamientos → cambian tus acciones
cambian tus acciones → cambia tu destino

Y para hacerlo ¡sólo necesitas escribir 21 renglones por 21 días siete palabras! ¿Por qué debe ser en siete palabras? Porque son el número de palabras que procesa la mente humana.

PASOS PARA HACER GRAFOTERAPIA

1. Toma una hoja en blanco.
2. Escribe tu coraje, miedo o ira.
3. Llora, grita, desgárrate, haz lo que tengas que hacer, pero saca todo lo malo.
4. Garabatea si es necesario: para que salga piel nueva, debes arrancarte la piel vieja.

No te censures, ya te has guardado las cosas por mucho tiempo.

5. Después de eso, métete a bañar. Pon la música que más te guste, deja que el agua se lleve todo lo malo.
6. Ahora escribe en un hoja lo que quieres. Escribe tus metas, haz un plan.
7. Empieza con la grafoterapia que necesites.

Preguntas frecuentes

La grafología genera mucha curiosidad en la gente, por ello, te comparto las preguntas más comunes.

¿Qué estudia la grafología?
La personalidad por medio de la escritura.

¿Por qué siempre escribo diferente?
Porque escribir es un reflejo de lo que eres y de cómo te sientes y, por tanto, también expresa tu estado de ánimo. Tu esencia se mantiene, ése es tu temperamento, pero el carácter cambia y los estímulos hacen que reacciones diferente. Por lo tanto, si te sientes diferente vas escribir diferente. No es lo mismo escribir una oración contento, que enojado o con prisa; ni es lo mismo firmar tu renuncia que una carta de amor, en ambos textos tu firma será diferente, pues no tendrás el mismo estado psicológico o emocional al realizarlos. Es muy gracioso que la mayoría de los hombres al firmar el acta de matrimonio hagan trazos temblorosos. Sin embargo, aunque te parezca que escribes diferente, tienes un gesto gráfico que nunca cambia porque es tu esencia, y tu esencia es inmutable.

¿Por qué tengo varios tipos de letra?

Porque responden a diferentes situaciones o condiciones, como si tienes prisa o no, o el rol que desempeñas. Por ejemplo, no es lo mismo escribir bajo mucha presión que hacerlo un domingo, cuando estás más relajado. Recuerda que la escritura es un proceso neurofisiológico que responde a tus estados físico, psicológico y emocional. Igual que en la pregunta anterior, aunque te parezca que tus tipos de letra son abismalmente diferentes, tu gesto gráfico es inmutable y permanece en todos ellos, los rasgos esenciales se mantienen.

¿Puedo fingir mi letra en una situación de selección de personal?

Puedes intentarlo pero, como ya dije, el gesto gráfico permanece lo mismo que los microrrasgos de tu letra. No es posible disimular la personalidad por medio de la grafología. Si necesitas escribir varias líneas, estarás consciente de los cambios al principio; sin embargo, conforme avances, el inconsciente asumirá la tarea y tu letra expresará quién eres.

¿Si cambio un rasgo de mi letra, cambia mi personalidad?
Sí, si lo haces de forma consciente, continua y reiterada. Esta alternativa terapéutica recibe el nombre de grafoterapia.

¿Es posible conocer el sexo de una persona mediante la escritura?
Existen rasgos escriturales a los que se les atribuyen características masculinas o femeninas sin importar el sexo de una persona.

¿Es posible identificar la edad por medio de la letra?
Hay varias significantes que nos acercan a conocer la edad de una persona, como el modelo caligráfico, que ha cambiado de generación a generación; pero además de tratar de saber la edad biológica de una persona, la grafología va más allá porque identifica la edad psicológica del individuo.

¿Se realiza el mismo estudio de personalidad a través de la grafología a un zurdo y a un diestro?
Claro, ya que escribimos con el cerebro, la mano –o cualquier otra parte del cuerpo que se utilice– es sólo un instrumento. Sin embargo, los zurdos utilizan con igual intensidad los dos hemisferios cerebrales, esto les da la gran ventaja de desarrollar la inteligencia lógica y creativa de forma simultánea.

¿Existe la letra perfecta?

Gracias a Dios, no. Existimos personalidades diferentes, no somos ni buenos ni malos, simplemente somos personas, la grafología no juzga, describe.

Nota importante

A lo largo de este libro te pediré que escribas o dibujes cosas u objetos específicos, así que ten a la mano papel y pluma. En algunos casos te diré qué significan determinados rasgos y, en otros, incluiré ejemplos con dibujos para que nos ayuden a explicar de manera más fácil. A partir de la información y de los ejemplos, podrás analizarte o hacerlo con quienes te rodean.

Dicho esto, ¡empezamos!

PARTE 1
¿Te conoces? Juguemos…

Capítulo 1

Escribe y sabrás quién eres

Sólo tengo algo claro: las definiciones me aburren, me incomodan, me resultan injustas. Considero que definir es limitar, yo prefiero perderme en el mapa de los gestos, en los gritos de las miradas, en las huellas de las manos, no en los pies sino en los pasos, en los juegos de las piernas. Quizá sucede porque he entendido el mundo mediante las letras, letra por letra, rasgo por rasgo, mirada por mirada, trazo a trazo y, a veces, beso a beso.

Escribir es desnudarse sin querer. Cada que escribes, cada que dibujas, cada que hablas, por medio de tus trazos, de las formas y del tono de la voz, envías mensajes creados por el pensamiento inconsciente, sin importar lo que conscientemente quieras decir. Se ha comprobado que 90 por ciento de nuestras acciones son ordenadas por el inconsciente, entre ellas está la escritura. Existe una delgada línea entre lo que eres, lo que piensas que eres y lo que los otros piensan de ti.

Como mujer y como grafóloga, enfrentarme a una escritura implica lanzarme un clavado en la mente de otro. Es como visitar un país extraño donde no me siento extranjera, conocer un mundo posible donde puedo perderme y también encontrarme.

Escribe y te diré quién eres

¿Te conoces? ¿Sabes quién eres? Vamos a descubrirlo. Toma una hoja en blanco. Escribe tu nombre, haz una oración del tipo: "Hola, me llamo Sara", y pon tu firma. Luego, con base en la hoja, responde las preguntas que te propongo a continuación; te darán mucha información sobre ti o sobre alguien acerca de quien desees saber más.

¿Con qué prefieres escribir?

- **a.** Plumón: te gusta llamar la atención y eres muy sensual.
- **b.** Pluma: tienes capacidad de adaptación y buscas solucionar problemas rápidamente.
- **c.** Lápiz: eres perfeccionista, observador, desconfiado e insatisfecho, tienes la sensación permanente de que algo falta.

¿De qué tamaño es tu letra?

a. **Grande:** te gusta el contacto con la gente, eres muy hábil para relacionarte con otros y te preocupa lo que los demás piensan de ti. Eres cuidadoso con tu imagen y te gusta llevar el rol protagónico.

b. **Mediana:** posees una gran capacidad de adaptación, puedes trabajar en solitario y en equipo. Eres hábil para relacionarte con los demás y, generalmente, eres asertivo.

c. **Pequeña:** tienes una enorme capacidad de análisis, eres muy observador. Prefieres trabajar solo que en equipo, necesitas tu espacio.

¿Cómo escribes?

a. Utilizas todo el espacio de la hoja con pocas palabras: eres *gastalón* y muy generoso.

b. Ordenas perfectamente bien el texto en la hoja: eres administrado en lo económico, sabes distribuir información y organizarla.

c. No desperdicias ningún segmento de la hoja: eres reservado y *codo*.

¿Qué tan rápido escribes?

a. Rápido: tu pensamiento viaja a la velocidad de la luz, no te alcanza el día para hacer todo lo que quieres, consideras que la gente no te capta fácilmente.

b. Velocidad regular o media: eres sensato, sabes tomar decisiones, piensas las consecuencias de tus actos, eres prudente.

c. Lento: piensas mucho antes de tomar una decisión, analizas las cosas hasta un punto que parece exageración, lo que muchas veces te impide avanzar.

¿Utilizas punto final al terminar una oración cuando escribes a mano, o al enviar mensajes de texto o en tus redes sociales?

a. Utilizas punto: terminas lo que empiezas.

b. No utilizas punto: sueles dejar los asuntos inconclusos.

¿En qué parte de la hoja firmaste?

a. Izquierda: te enganchas a situaciones del pasado, te cuesta trabajo dar el paso a los cambios, generas antigüedad en el trabajo y le temes a los puestos de liderazgo.

b. Centro: eres práctico, haces las cosas en el momento oportuno, no te enganchas al pasado ni te obsesionas con el futuro, lo importante para ti es el presente, el aquí y el ahora. Tiendes al egocentrismo.

c. Derecha: piensas recurrentemente en el futuro, planeas a largo plazo, te adelantas a los acontecimientos y tienes una gran iniciativa. Eres propenso a sufrir ansiedad.

¿Cómo es tu firma?

a. Ascendente: eres optimista y te gustan los retos.
b. Recta: tienes los pies bien puestos sobre la tierra.
c. Descendente: tiendes a ser pesimista, ves el vaso medio vacío.

¿Cómo es tu letra?

a. Redonda: eres amable, muy intenso a nivel emocional.
b. Semiangulosa: eres asertivo, a nivel emocional sabes equilibrar tus fuerzas.
c. Angulosa: tiendes a ser incisivo y violento.

¿Hacia dónde inclinas la letra?

a. **Vertical:** eres terco y rígido contigo mismo.
b. **A la izquierda:** te enganchas fácilmente con el pasado, se te dificulta cerrar ciclos y tiendes a la nostalgia.
c. **A la derecha:** eres un generador de cambios.

¿Cómo son las terminaciones superiores e inferiores de tu letra?

a. **Partes bajas grandes:** el aspecto sexual es fundamental en tu vida.
b. **Partes altas grandes:** eres más racional que sexual.

¡Conócete, acéptate, supérate!

Capítulo 2

Dibuja a tu animal favorito y descubrirás cómo eres

Los seres humanos tenemos una enorme curiosidad por conocernos, incluso a los animales les hemos asignado características humanas para identificarnos. Podemos ser lentos como una tortuga, astutos como un zorro o sabios como un burro. Los animales son una proyección de cómo pensamos y sentimos.

Los animales se han vuelto nuestros espejos en diversos tipos de historias: fábulas, guiones de cine, en dichos y refranes populares.

Dibuja tu animal favorito y te diré cómo eres
¿Quieres saber más acerca de cómo eres en realidad? ¿Te ves como quieres que te vean los demás? Para saberlo, piensa en tu animal favorito y dibújalo.

El animal que dibujes representa cómo quieres que los demás te vean y, a partir del dibujo, comprobaremos si se cumple tu expectativa. Además, te diré cómo fortalecerte para afrontar los retos de la vida, valorarte y convertirte en quien deseas ser, de modo que puedas impactar a los demás con tu presencia.

El significado de algunos animales favoritos

- Águila: eres valiente y sabio, necesitas estar en movimiento. No te conformas con lo que tienes, buscas volar cada vez más alto. Si marcaste con énfasis las garras, tienes la sensación permanente de que necesitas defenderte. Si incluiste el piso en tu composición, significa que no has logrado lo que deseas. Si retrataste al águila en vuelo, es porque te sientes libre.

- Búho: eres intuitivo, sabio, observador y analítico. Prefieres el silencio. Te gusta vivir de noche, detestas los convencionalismos y valoras el conocimiento. Si marcaste con énfasis los ojos eres predominantemente observador. Si el acento está en las plumas, indica que te complicas la existencia. Si el trazo general es suave y sencillo, significa que para ti menos es más, no te complicas la vida ni se la dificultas a los demás.

• Mariposa: eres versátil, innovador, vanidoso yególatra, no soportas la rutina y consideras que si algo sucede es gracias a ti. Te gusta arriesgarte, reaccionas con rapidez y afrontas las cosas tal y como vienen. Los cambios son una constante en tu vida. No asumes responsabilidades, necesitas ser libre, incluso sexualmente. Si incluiste en tu composición colores claros, estás cambiando positivamente, si fueron oscuros, indica que te sientes mal y necesitas transformarte. Los tonos rojizos señalan que tienes carácter fuerte, los morados que es una etapa de toma de decisiones. Si la mariposa es pequeña, te sientes inseguro.

• Colibrí: eres sutil, delicado, tranquilo y vanidoso. Constantemente buscas el equilibrio. Aunque puedes sentirte pequeño e inseguro, en general confías en ti. Actúas de buena fe, disfrutas de volar con calma, detestas los imprevistos o cualquier cosa que ponga en riesgo tu tranquilidad. Vives en una búsqueda permanente de la armonía y la belleza.

- Delfín: eres sumamente inteligente, sensible y alegre. Buscas estar en equilibrio y armonía con la naturaleza. Disfrutas la estabilidad. Tiendes a angustiarte, pero esos momentos te impulsan a alcanzar un estado de paz permanente. Tienes inteligencia social y sabes comunicarte con los demás.

- Conejo: eres provocativo, emocional, sensible, cálido, dulce y obsesivo. Te gusta generar reacciones en los demás. Sueles sentir miedo. Necesitas recibir cariño y ser tratado con delicadeza, pues sueles ser susceptible a los comentarios y a las actitudes de los otros. Tienes la habilidad de escuchar a los demás, por lo que creas lazos sólidos con quienes te rodean.

- Tigre: eres sumamente enérgico, competitivo y desesperado. Te gusta el poder, valoras la actividad y el movimiento, no puedes quedarte quieto. Eres adicto a la adrenalina, por lo que te fascinan los riesgos. Te desagrada que las personas se queden calladas. Tienes don de mando, naciste para ser jefe.

- León: eres sociable, fuerte anímicamente, muy sexual y cachondo. Tienes una gran capacidad de liderazgo, necesitas afirmarte todo el tiempo, funcionas bien bajo presión, sabes defender a los demás. Sin embargo, sueles quedarte en la superficie y no reflexionas a profundidad lo que te sucede. Eres audaz y sabes que con esfuerzo puedes lograr todo lo que te propongas. Si en tu dibujo el énfasis está en el hocico y los colmillos, indica que necesitas expresarte.

- Oso: eres protector, proveedor, cariñoso y explosivo. Te gusta cuidar de los demás, adoras ser el centro de atención. Aunque sueles ser dulce y amoroso, explotas con facilidad. Si en tu dibujo predominan las formas redondeadas, significa que eres muy cariñoso. Si trazaste pelo y éste se agrupa en mechones, como si estuviera mojado, indica que estás nervioso, tal vez, a causa de estar bajo presión o estrés.

- Tiburón: eres depredador, ambicioso, fuerte y hábil. Quieres comerte el mundo. Eres agresivo cuando vas en la búsqueda de alcanzar tus metas, eres competitivo, veloz y ágil.

- Caballo: eres retador y competitivo. Te gusta desafiar y ser el mejor en todo. Adoras la adrenalina, disfrutas las apuestas y el peligro. Crees en el trabajo en equipo y tienes fe en los demás. Disfrutas los espacios abiertos y no soportas el encierro.

- Pulpo: eres sumamente inteligente y multifuncional. Siempre estás en movimiento, realizando diferentes actividades. Eres impaciente y puedes enojarte con facilidad. Tu mente es ágil, no puedes dejar de pensar un momento. Tienes gran iniciativa y te gusta ir contracorriente.

- Elefante: eres responsable, estable, amoroso e inteligente. Los elefantes son los más protectores en el reino animal. Para ti es muy importante la familia. Tienes una gran memoria. En algunas culturas, este animal es símbolo de riqueza. Si lo elegiste, implica que para ti la familia y el dinero son fundamentales.

- Lobo: eres fiel, amoroso y territorial. Valoras el trabajo en equipo, te gusta enseñar a los demás, la familia y las amistades tienen un lugar importante en tu vida. Defiendes tus ideas hasta las últimas consecuencias. Cuidas de quienes amas, eres celoso, no soportas que nadie se meta con lo tuyo.

- Perro: eres amoroso, leal y terco. El perro es el símbolo por excelencia de la lealtad. Tienes gran capacidad de amar y eres sumamente agradecido. Si en tu composición las patas son muy grandes, significa que buscas estabilidad y un lugar seguro dónde estar. Si la cabeza tiene gran tamaño, indica que observas y analizas lo que sucede a tu alrededor.

- Gato: eres independiente, seductor y vanidoso. El gato simboliza la independencia, el aspecto femenino y la fertilidad. Si en tu composición pusiste pestañas a los ojos, eres vanidoso y agradable. Si el trazo se inclina a la izquierda, significa que temes a los cambios. Si el escenario representa la noche, señala que tienes muy desarrollado el aspecto femenino, y que la mujer es determinante en tu historia. Si el gato tiene dientes grandes, sugiere que no eres confiable y tiendes a traicionar.

- Rinoceronte: eres tranquilo y fuerte. Te tomas la vida con demasiada calma. No te confías, pero tampoco avanzas. En ocasiones sientes que llevas un gran peso. Tienes una gran fuerza interior. Si tu dibujo tiende a la derecha de la hoja y el cuerno  es muy grande, indica que vislumbras un futuro difícil.

- Pez: eres auténtico, veloz y evasivo. Evitas las confrontaciones y le temes al compromiso. No soportas la monotonía, sientes que te mata. Detrás de tu amor por la libertad, está el miedo de ser necesitado o de sentir que necesitas a alguien. Destacas por tu inteligencia e iniciativa.

- Ratón: eres tímido, introspectivo, analítico y observador. Necesitas fortalecer tu seguridad personal. Le das muchas vueltas a las cosas. Se te dificulta pensar fuera de tu estructura. Eres más fuerte de lo que piensas, necesitas trabajar en tu autoestima.

Capítulo 3

Representa tus sueños para escuchar al inconsciente

¿Con qué sensación o en qué estado emocional te quedaste dormido? ¿Cómo te sientes al despertar? ¿Recuerdas tus sueños? ¿Cómo te sientes en esta etapa de tu vida?

El sueño es una de los aspectos más misteriosos del funcionamiento del cerebro. Cada día, al dormir, nos introducimos en un mundo que se rige por reglas completamente diferentes al contexto de lo real; allí pasamos casi la tercera parte de nuestra vida. Hubo un tiempo en que se pensó que, durante este periodo, el cerebro permanecía inactivo. Sin embargo, con la invención del electroencefalograma, se ha comprobado que el cerebro permanece tan activo durante este tiempo como lo está en vigilia.

Hay quienes creen que no sueñan, pero todos soñamos, lo que pasa es que no todos recordamos nuestros sueños, que se guardan en la memoria a corto plazo y el cerebro "dormido" no es capaz de memorizar. Aun así, la mayoría solemos recordar los sueños que no resultan excitantes, como las pesadillas, por ejemplo.

Un sueño, aunque contenga elementos similares a los de otras personas, no tiene una sola interpretación, pues la experiencia onírica es única y se relaciona con las vivencias del soñador. Tus sueños son reflejo de tu inconsciente y se vinculan con lo que vives, así como con tus deseos, miedos, lo que reprimes, piensas, sientes, incluso con aquello que no quieres ver o aceptar. Si aprendes a interpretar el simbolismo de tus sueños, te será más fácil conocerte e identificar tus procesos emocionales y psicológicos.

El ciclo del sueño

Al dormir, transitamos por cinco etapas: 1, 2, 3, 4 y sueño REM (movimiento rápido de los ojos). Estas etapas progresan cíclicamente desde la 1 hasta REM, luego se reinicia con la etapa 1. Un ciclo de sueño completo toma un promedio de 90 a 110 minutos. Los primeros ciclos de la noche tienen periodos REM relativamente cortos, pero conforme transcurren las horas, los periodos REM se alargan, y los de las cuatro etapas anteriores decrecen.

- Etapa 1: es la fase de sueño ligero, cuando se puede despertar con facilidad. En esta etapa los ojos se mueven lentamente y la actividad muscular disminuye. Algunas personas experimentan contracciones musculares repentinas, lo que genera la sensación de estar cayendo.
- Etapa 2: se detiene el movimiento ocular, las ondas cerebrales se ralentizan y presentan, ocasionalmente, estallidos de ondas cerebrales rápidas.

- Etapa 3: las ondas cerebrales extremadamente lentas, llamadas ondas delta, se intercalan con ondas más pequeñas y más rápidas.
- En la etapa 4: el cerebro produce casi exclusivamente ondas delta. Las etapas 3 y 4 son referidas como sueño profundo, y es muy difícil despertar a alguien cuando se encuentra en este periodo.

En el sueño profundo, no hay movimiento ocular o actividad muscular. Es cuando algunos niños mojan la cama, o las personas caminan dormidas o sufren terrores nocturnos.

- Etapa REM: la respiración se hace más rápida, irregular y superficial, los ojos se mueven rápidamente de un extremo a otro y los músculos se paralizan temporalmente. Las ondas cerebrales aumentan a niveles similares a los alcanzados en vigilia. El ritmo cardíaco se acelera, se eleva la presión, los hombres experimentan erecciones y el cuerpo pierde habilidad para regular su temperatura.

En esta etapa suceden la mayoría de los sueños, si la persona despierta en este momento, es altamente probable recordar los sueños. La mayoría experimentamos de tres a cinco periodos de sueño REM cada noche.

Los niños pequeños pasan casi el 50 por ciento de su tiempo en sueño REM. Los adultos pasan aproximadamente la mitad del tiempo que duermen en la etapa 2, cerca del 20 por ciento en REM y el otro 30 por ciento en el resto de las etapas. Conforme se avanza a la vejez, disminuyen los periodos de sueño REM.

Dibuja un sueño y te diré qué pasa en tu vida

La principal función del sueño es tener un tiempo libre para reparar y reconstituir el organismo. El sueño se construye a partir de los niveles físico, emocional y psicológico y, por tanto, contiene los ingredientes para interpretar nuestra vida en el momento presente. Al entender nuestros sueños, podremos comprender nuestra realidad, al comprender nuestra realidad, podemos mejorarla.

Toma una hoja en blanco y dibuja un sueño, lo analizarás de la forma personalísima en que tú lo ves.

El significado de algunos sueños

Soñar con muchas serpientes que quieren dañarte o a alguien a quien quieres significa que te sientes agredido por alguien. Crees que el mundo está en tu contra. Si dibujas dientes, implica que reaccionas de forma agresiva a la situación.

Soñarte desnudo significa que te sientes avergonzado, vulnerable, inseguro, exhibido y/o humillado. No estás satisfecho con la imagen que los otros perciben de ti. Como grafoterapia, escribe más grande tu nombre y tu firma. Cuando te aceptes tal como eres, no te volverás a sentir de esta forma.

Soñar que sufres porque tu familia se enoja contigo significa que sufres porque estás en la búsqueda permanente de la aprobación de los demás. Te sientes incomprendido y siempre observado. Te recomiendo buscar una terapia para desprenderte de estas emociones.

Soñar que eres completamente diferente físicamente significa que no estás contento con la imagen que proyectas a los demás. Si te dibujas con mucho cabello indica inquietud y curiosidad sexual, el despertar de la sexualidad o insatisfacción con tu aspecto físico.

Soñar con fuego y huir significa evasión de la realidad. Sabes que tienes un problema pero no lo quieres enfrentar.

Soñar que nadie te ve significa que estás deprimido. Es importante mencionar que, muchas veces, antes de que detone un trastorno emocional, el inconsciente lo sabe y lo expresa mediante los sueños.

Soñar con larvas, hormigas o piojos significa que tienes muchas preocupaciones. Detente a analizar el momento de tu vida, identifica lo que te preocupa y busca soluciones.

Soñar que tu pareja te es infiel –y despertar molesto por ello– significa que necesitas examinar cómo te desempeñas como pareja y por qué tienes tal necesidad de control sobre el otro.

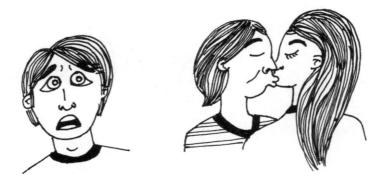

Soñar con comida que no puedes comer significa que existe algo en tu vida que te genera angustia y ansiedad.

Soñar con el amanecer y el mar tranquilo significa que vives un momento de calma y paz espiritual. Si el mar está agitado indica que te sientes agredido o con miedo ante la realidad.

Soñar que resuelves un examen significa que tienes una responsabilidad muy grande por sacar adelante, te sientes observado y atrapado.

Soñar con olas gigantes que te separan de tus hijos significa que te sientes alejado de ellos, por no dedicar el tiempo necesario. Soñarlos juntos indica la certeza de que dependen de ti y de que necesitas protegerlos.

Soñar que te quitas la ropa representa la necesidad de liberarte, de atreverte a decir lo que callas, de hablar de lo que sientes y volver a ser tú. Es el opuesto a soñarte desnudo.

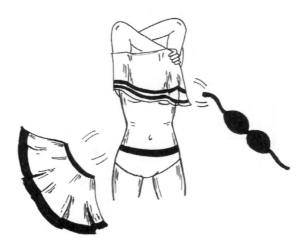

Soñar con un pariente fallecido que te regaña –que es una autoridad moral para ti– significa que tu inconsciente te indica que no estás haciendo bien las cosas.

Soñar que tu madre fallecida regresa para bendecirte significa que te quedaste con ganas de decirle algo. Este tipo de sueños es común en el periodo de duelo. Tu inconsciente sabe que tu madre te cuida desde el Cielo.

Soñar que vuelas tiene dos significados diferentes según estén las nubes en el cielo y cómo veas el piso. Si el piso es gris indica que sabes que vas de menos a más, si las nubes son grises señala que sientes incertidumbre del futuro.

Soñar con heridas es recurrente en personas que han sufrido maltrato desde pequeñas.

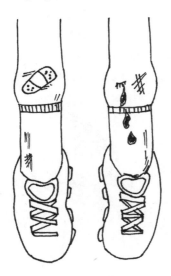

Soñar que te asfixias significa que te sientes agobiado por los problemas.

Soñar con monstruos es común durante la infancia, de los tres a los seis años se dan los primeros enfrentamientos con la realidad y es la forma en que los pequeños reaccionan ante el miedo.

Soñar con un baño o con heces fecales es común y natural en niños menores a tres años, pues consideran los desechos de su cuerpo como una extensión de sí mismos. En un adulto, significa rechazo ante determinada persona o situación.

Nota: se llaman sueños postraumáticos aquellos que, después de un evento que te generó un choque emocional, sueñas de forma repetitiva.

Capítulo 4

Traza una rosca y descubre cómo te relacionas con la comida

¿Cómo es tu relación con la comida? ¿Te excedes al comer? ¿Por qué lo haces? Quizá uno de tus propósitos es tener el cuerpo que quieres, el cuerpo que mereces, uno sano, producto de una mente en igualdad de condiciones, y la grafoterapia te puede ayudar a lograrlo.

Las personas somos diferentes, el modo y la rapidez en que funciona nuestro metabolismo no podría ser la excepción. Imagina que estás a dieta desde hace una eternidad, te comes un chícharo y engordas. Mientras que tu vecina es súper flaca, según lo has visto, no le hace ascos a nada, no practica ningún deporte, no hace ejercicio ¡y siempre está igual! En ese caso, seguro te preguntarías: "¿Por qué ella es delgada y yo no?"

Infinidad de estudios científicos demuestran la estrecha relación entre las emociones que experimentamos y el cuerpo. Además de que puedes acceder a esa información por medio de periódicos, revistas, libros, páginas electrónicas, radio o televisión, lo compruebas en tu vida diaria. Por ejemplo, la úlcera se vincula con la dificultad para "digerir" ciertas situaciones; la ansiedad, que se manifiesta con diferentes síntomas –dolores de cabeza, calores, palpitaciones, aumento de la transpiración, llanto e insomnio, entre otros–, se relaciona con el miedo a lo desconocido. De igual forma, determinados estados emocionales pueden generar sobrepeso y hambre emocional.

Dibuja una rosca para descubrir tu relación con la comida
Toma una hoja en blanco y dibuja una rosca de reyes. Hazla como quieras, como lo dicte tu mente. Con este dibujo podremos reconocer cómo es tu relación con la comida y, además, descubrir cómo sanar. Es importante que sepas que no se trata de tener un régimen alimenticio, sino de disfrutar lo que comes, sabiendo qué pasa con tus emociones y cómo impactan en tu cuerpo.

El significado de algunos dibujos
Rosca 1

Sin una base, suspendida. Expresa desprotección, ésa es la razón por la que el exceso de grasa se acumula en tu cuerpo, para crear una coraza que te mantenga a salvo del dolor provocado por aquello que viene del exterior y te lastima.

Rosca 2

Sola y al centro en una mesa. Significa depresión, te sientes vacío en lo afectivo y carente en lo material. Buscas sentirte mejor con elementos externos –como la comida–, porque no alcanzas a ver que lo que necesitas está en tu interior.

Rosca 3

Decorada y con detalles. Indica que eres un comedor emocional: comes igual por alegría que por tristeza; buscas gratificación emocional por medio de la comida. Eres antojadizo. Sueles comer compulsivamente, sobre todo en tiempos de crisis y después sentir remordimiento. Necesitas ser más racional al alimentarte.

Rosca 4

Rectangular. Expresa acumulación de pensamientos, emociones u objetos materiales. Tienes tendencia a no desprenderte –por apego– al pasado o –por miedo– a la escasez, por lo que tu cuerpo reacciona de igual modo: acumulando grasa. La búsqueda de la perfección también causa que tu cuerpo conserve toda la grasa y tu mente albergue los miedos.

Rosca 5

Dibujada con descuido. Reflejan ansiedad, estado mental que se caracteriza por una gran inquietud, una intensa excitación y una extrema inseguridad.

Rosca 6

Voluminosa, gruesa. Comunica estrés: cansancio mental provocado por la exigencia de un rendimiento superior al normal y alteraciones en el organismo como respuesta a determinados estímulos como frío, miedo, presión. El estrés te impide ver qué comes, cuánto, cómo y dónde.

Rosca 7

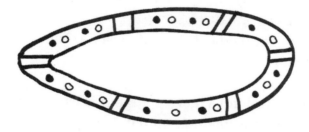

Delgada y malhecha. Refleja inseguridad. La inseguridad emocional se manifiesta mediante una sensación permanente de malestar, nerviosismo o temeridad, consecuencia de nuestras percepciones sobre los otros, la autoimagen y el modo en que nos vinculamos con los demás.

Rosca 8

Gruesa, decorada y con volumen. Representan nerviosismo y pensamientos rumiantes. No paras de pensar y mientras más piensas, más comes, y mientras más comes, más subes de peso.

Trabaja en tu rosca de reyes para mejorar tu relación con la comida
Lo haremos por medio de la grafoterapia. Toma una hoja en blanco y, con sinceridad, responde:

- ¿Qué sentimientos incrementan mi deseo de comer?
- ¿Qué tipo de alimentos calman la tensión y disminuyen las emociones negativas?
- ¿Qué tipo de situaciones emocionales me motivan a comer? (Por ejemplo: peleas de pareja, tensiones en el trabajo, exámenes en la universidad, problemas económicos, entre otros.)

Reflexiona en torno a tus respuestas y profundiza lo necesario hasta identificar el origen emocional de tu sobrepeso.
Luego, escribe en color azul:

Mi letra es plena como soy yo.
Mi letra es flaca como soy yo.

Ya sabes la fórmula: 21 renglones por 21 días.

Capítulo 5

Perfílate para identificar cuánto te amas

Nadie puede volver atrás y comenzar algo nuevo, pero cualquiera puede comenzar hoy y crear un nuevo futuro.
María Robinson

El amor propio es un tema en el que nos sentimos tan expertos que podemos llegar a pensar que es sólo una coctelería lo que es una realidad es un tema importante. El amor propio debe ser más grande que cualquier otro porque con él está la dignidad, el autoconocimiento, la aceptación de saber que estamos hechos de texturas y tonalidades.

Quizás hablar de amor propio es echarse un clavado en nuestra alma y darnos un valor, es decir, creer en nosotros mismos, conocernos y enfrentarnos al mundo con nuestras propias armas.

Son muy pocos quienes realmente se conocen, se aman y se aceptan como son. De pequeños nos enseñaron a buscar el amor de los demás, pero no aprendimos que el amor más importante es el que se tiene por uno mismo, ese que surge de conocerse, aceptarse –con sus claroscuros– y perdonarse. Amarse no es ser egoísta, sino saber que lo único cierto que tienes es a ti mismo, y hacer todo lo posible por experimentar bienestar y felicidad. Es saber que toda felicidad que no provenga de ti, como la que solemos adjudicar a la pareja, el trabajo o los hijos, no es sino un espejismo. Es saber que no puedes dejar tu felicidad en manos de los demás. En suma, amar lo que fuimos es entender lo que somos para luchar por lo que podemos ser.

La felicidad no es un estado permanente, a veces sentimos que podemos comernos el mundo y, otras más, que el mundo nos come. Hay días buenos y días difíciles. Lo saludables es que nuestro ánimo no fluctúe de un extremo al otro, sino que permanezca equilibrado, que sea consistente. Aunque claro, en la vida hay situaciones que pueden modificarlo. El amor propio, quererse y aceptarse, está basado en dos características fundamentales.

El autoconcepto

Es lo que piensas de ti, lo que reconoces como las características que van con tu personalidad. El autoconcepto es tu perspectiva de la vida y tus rasgos de carácter. Es una descripción de lo que eres, es ese conjunto de opiniones que tienes sobre ti. El autoconcepto tiene un valor descriptivo. En síntesis, puede decirse que es el conjunto de opiniones, hipótesis e ideas que un individuo tiene sobre sí mismo.

La autoestima

La autoestima es valorativa y se construye a partir del autoconcepto, es decir, de lo que pensamos y sentimos del conjunto de características que poseemos. La autoestima se construye por las actitudes hacia ti mismo; es un juicio sobre tu competencia y valía personal. ¿Qué tanto te quieres? ¿Qué tanto te estimas?

Dibuja un autorretrato para saber cuánto te amas

Podrás decir muchas cosas, pero primero dibújate para saber qué tanto te quieres. Toma una hoja en blanco. Antes de comenzar tu autorretrato, responde estas preguntas:

- ¿Tienes hábitos que no te gustan?
- ¿Siempre piensas "Debí haber dicho esto"?
- ¿Te quedas callado con frecuencia?
- ¿Haces amigos con facilidad?
- ¿Te da pena hablar en público?
- ¿Te gusta cómo se te ve la ropa?
- ¿Cómo te sientes respecto a que los demás sepan cosas de ti?
- ¿Consideras que eres mejor que los demás?
- ¿Eres feliz sólo si recibes el amor de tu pareja?

Ahora, dibújate a ti mismo. Cuando termines, continúa leyendo para reconocer cómo te sientes respecto a ti y cómo mejorar tu nivel de amor propio.

El significado de algunos autorretratos

Autorretrato 1
La lluvia simboliza tu incomodidad al estar fuera de tu
zona de confort. Indica que
eres una persona que está in-
satisfecha con la realidad,
sientes una gran angustia y
perturbación.

Autorretrato 2
Remarcar la parte media del cuerpo significa que te sientes fuera de control respecto
a tus emociones: te gana el corazón, eres
una persona intensa que cuando pierdes el
control, habla demasiado y actúa impulsi-
vamente.

Autorretrato 3

Si dibujas un cuerpo diferente a uno real, expresas que eres una persona que está a disgusto y enojada por ser quien es. Tienes la sensación de estar estancada y evades la realidad.

Autorretrato 4

En ocasiones, cuando alguien flaco se perfila con sobrepeso, habla de que es alguien irónico y sarcástico.

Autorretrato 5
Los hombros prominentes hablan de alguien estresado. Los brazos pegados al tronco indican que guardas palabras y sentimientos, que eres una persona con problemas para comunicarse, contienes tus pensamientos y sentimientos. No estás cómoda con tu cuerpo.

Autorretrato 6
Los ojos cerrados indican que te niegas a ver la realidad. Las manos grandes indican que eres una persona cálida. No dibujar orejas significa que deseas ser escuchada pero tú no sabes escuchar.

Autorretrato 7

El cuello es la conexión entre realidad y fantasía. Dibujar sin cuello indica que se trata de una persona que no puede enfocarse en la realidad porque sueña demasiado.

Autorretrato 8

Las cabelleras frondosas, así como las pestañas, indican coquetería y feminidad. En el caso de jóvenes y adultos, también son símbolo de sexualidad. Las narices puntiagudas expresan agresividad.

Trabaja con tu autorretrato para mejorar tu autoconcepto y tu autoestima

Repite tu autorretrato, dibújate en el centro de la hoja. Bosqueja el piso y el cielo, Retrátate en tamaño grande, esto te ayudará a sentirte más seguro y pleno.

Se ha comprobado que entre mayor es la autoestima de una persona, mejor trata a los demás. Toma las riendas de tu vida, acepta lo que ha sucedido y asume tus responsabilidades. No seas una víctima ni definas tu vida a partir de lo que los demás opinen.

Capítulo 6

Descubre por qué te enfermas

¿Y acaso no es más grande aquel que cura el alma,
que es más que el cuerpo?
Paracelso

Ya dijimos en la introducción que primero nos duele el alma y, después, se enferma el cuerpo. Existen enfermos, no enfermedades, y es que las emociones son las respuestas que tenemos al someternos a un estímulo. Por ello tienen una gran importancia y utilidad en nuestra vida, nos ayudan a responder a lo que nos sucede y a tomar decisiones, mejoran el recuerdo de sucesos importantes y facilitan nuestras relaciones con los demás. No obstante, también pueden dañarnos cuando surgen en un momento inapropiado o con una intensidad desmesurada.

Las emociones se producen cuando alguien considera que una situación determinada es relevante respecto a sus metas. Son reacciones instintivas a lo que nos sucede todos los días. Así como existen emociones que nos motivan, hay emociones que nos lastiman, esas son las emociones tóxicas. Cualquier emoción reprimida o guardada –positiva o negativa– es susceptible a volverse tóxica.

Cuando experimentamos una emoción tóxica, de alguna forma el cerebro la reconduce y, finalmente, va a parar a algún órgano del cuerpo, enfermándonos.

Curar el origen

Cuando logramos curar el origen de nuestras enfermedades, no tienen por qué regresar. La medicina convencional sólo te ayudará a paliar o aliviar los síntomas, pero no te sanará.

El conocimiento es el primer paso para la curación, la aceptación y el amor propio son requisitos indispensables. No hay nada más real que el dicho: "Mente sana en cuerpo sano." No puede ser de otra manera.

Las suposiciones, las etiquetas y las creencias limitantes enferman: "Soy demasiado joven", "soy una tonta", "soy muy gorda", "nadie me quiere", "merezco el castigo por equivocarme", "estoy destinado a vivir malas experiencias", "soy un fracaso", "si lo ignoro desaparece"; o las sentencias que aceptas de los demás: "Eso no se *debe* hacer", "Dios te castigará", "las mujeres no hacen eso", "los hombres no lloran".

Tenemos que liberarnos de la necesidad, hay que aprender a preferir y no a necesitar, a controlar la mente que es de lo único que poseemos, lo único que realmente podemos entrenar.

Aprende a escuchar los mensajes de tu cuerpo

Todo lo que llamamos enfermedad es el reflejo de nuestros pensamientos, el cuerpo te habla pero no lo escuchas. Tu manera de pensar, hablar y reaccionar es lo que genera tanto la salud, como la enfermedad.

Algunas enfermedades

DOLOR DE CABEZA Y MIGRAÑA

La cabeza es el lugar donde existimos, es lo que nos representa, es la imagen que mostramos ante el mundo, es nuestra tarjeta de presentación. Cuando te duele la cabeza, algo anda mal con tu autoestima y con tu amor propio. Indica que te invalidas, te cuestionas y no te perdonas. Además, se relaciona con la ira reprimida. Con la represión en cualquier sentido: emocional, sexual o psicológico.

El dolor de cabeza y la migraña se curan cuando identificas cuál de las situaciones mencionadas es el origen de tu enojo y eliges liberarte de las experiencias y emociones que has encerrado en tu cuerpo y en tu corazón.

Atrévete a soltar la ira, el miedo, el odio, la tristeza, siente amor, perdona. Libérate sexualmente, grítalo, libera tus ideas, libera tus emociones, libera las viejas limitaciones y despréndete de las etiquetas.

Grafoterapia

Escribe 21 renglones por 21 días, con tinta azul, la frase: "Mi letra es libre como soy yo."

Artritis

La artritis es la degradación del cartílago. Cuando el cartílago está sano protege las articulaciones y permite que se muevan de forma suave y sin dolor. El cartílago absorbe el golpe y ejerce presión sobre la articulación, como sucede al caminar. Cuando los cartílagos se desgastan, los huesos se rozan, lo que causa dolor, inflamación y rigidez.

La inflamación de la articulación puede ser consecuencia de diversos factores, entre ellos: enfermedad autoinmune –aquella donde el sistema inmunitario ataca por error al tejido sano–, fractura ósea, desgaste y deterioro de las articulaciones, infecciones generadas por virus o bacterias.

A nivel emocional, el problema surge cuando no te sientes amado, cuando te criticas y criticas a la gente constantemente, cuando aparece el resentimiento y el deseo de castigar, cuando te sientes víctima de las circunstancias.

Puedes sentir un dolor fuerte de estómago y sentirte que estás estancado; tu cuerpo lo sabe, por eso te grita que lo liberes, que te muevas, que te des cuenta de que no hay peligro y que tu mejor opción es optar por **ser libre** y **vivir sin dolor**.

Si nos hemos convencido de que nuestra vida, debido a los malos momentos por los que hemos pasado, será triste y difícil, nos sentiremos enojados y dejaremos de buscar nuevas experiencias. Nos resguardamos en las situaciones conocidas, así sean dolorosas, pues representan nuestra zona de confort, y allí podemos estancarnos toda la vida.

La forma de sanar la artritis es identificar cuál de los estados o emociones experimentas y por qué. Reconocer y mirar con gratitud, amor y alegría lo que has vivido, lo que eres y lo que son los demás te devolverá la salud.

GRAFOTERAPIA

Escribe 21 renglones por 21 días, con tinta naranja, la frase: "Mi letra es feliz como soy yo."

Colitis y gastritis

La colitis y la gastritis son la reacción de algunas personas de querer controlar y desear que todo salga perfecto. Es como decir que si haces todo bien, serás merecedor de cariño. Quien padece alguna de estas enfermedades tiene la sensación de que todo debe salir perfecto, está en la búsqueda permanente de aprobación y afecto.

La colitis y la gastritis se manifiestan en personas exigentes, intolerantes, celosas y con miedo. Surgen también cuando te estresas demasiado y te preocupas por lo que la razón te dicta.

Las personas con gastritis sufren de estreñimiento, diarrea o vómito, porque las emociones las dañan y están buscando salir por algún lado.

Estas enfermedades indican que no sabes adaptarte a las nuevas circunstancias y experiencias de la vida, que temes al cambio. No sabes perder y te tomas las cosas demasiado en serio.

La forma de curarte es liberar aquellas emociones contenidas de forma consciente; aceptar que no necesitas ser mejor que nadie porque no hay competencia, porque eres único; reconocer que lo único constante en la vida es el cambio; valorarte y aceptarte con tus habilidades y capacidades.

Libérate, date permiso. Piensa lo que estás sintiendo, aunque a veces sean emociones tóxicas.

Grafoterapia
Escribe 21 renglones por 21 días, con tinta azul, la frase: "Mi letra es libre como soy yo."

DOLOR DE CUELLO Y DE ESPALDA

Una de las causas emocionales principales del dolor de cuello y de espalda es la terquedad, que podemos definir como el intento de afirmarte frente a otro, como igual o con superioridad. Como esto tiene que ver con la postura corporal, veremos que una persona rígida, estará totalmente recta y su letra lo reflejará.

Las personas que sienten dolor de cuello y de espalda se caracterizan por ser inflexibles, tercas. Si tú tienes estas dolencias emocionales es porque te exigiste demasiado y tu cuerpo te está gritando que le permitas relajarse, que no le sobreexijas y mejor seas flexible y disfrutes.

Las edades de la oposición comienzan en la infancia. A los cuatro años el niño manifiesta su naciente personalidad y su temperamento, y los afirma oponiéndose a los demás. En esta lucha descubre que la terquedad le proporciona cierto poder, con sus iguales y con los adultos, con resultados positivos, algunas veces. A medida que crece, aprende que existen otros modos de hacerse respetar y valorar. Otras veces, estas pautas de comportamiento no evolucionan y se mantienen en la edad adulta.

Podrás sanar estas dolencias cuando construyas una confianza sólida en ti mismo, te valores y reconozcas a los demás como iguales y, por tanto, se diluya tu sentimiento de inferioridad. Entonces dejarás de estar a la defensiva y te darás cuenta de que, con flexibilidad en vez de obstinación, conseguirás tus propósitos y el respeto de los otros.

GRAFOTERAPIA

Escribe 21 renglones por 21 días, con tinta azul, la frase: "Mi letra es flexible como soy yo."

ASMA

El asma es un trastorno que provoca que las vías respiratorias se inflamen y se estrechen, dificultando la respiración. Cuando se presenta un ataque de asma, los músculos que rodean a las vías respiratorias se tensan y el revestimiento de éstas se inflama, lo que reduce significativamente la cantidad de aire que puede pasar a los pulmones.

Las causas físicas se vinculan con la inhalación de sustancias causantes de alergias. Las emocionales tienen que ver con traumas de nacimiento, surgidos cuando existe dificultad para salir o exteriorizarse, y con padres que manifiestan una conducta protectora o dominante, que llega a "sofocar" al niño.

Las personas que tienen asma se sienten incapaces de responder al mundo, se sienten asfixiados y se reprimen por temor a no ser lo que en realidad les gustaría. El asma es el miedo a no estar seguros. Alguien que padece asma puede creer que crecer es un peligro. En resumen, no se aprueban y, por lo tanto, no se permiten progresar.

Asimismo, emociones y sentimientos, como la aprehensión, la preocupación, la ansiedad y el pánico pueden causar tensión muscular y contracciones en el aparato respiratorio. Si se mantienen por largo tiempo, estas tensiones pueden causar espasmos musculares y debilitamiento, lo que puede generar esta enfermedad en la adultez.

Para sanar, necesitas reconocer cuál de los factores desencadenantes se relaciona contigo y con tu historia, romper tus dependencias de protección y constituirte hasta que puedas reconocer plenamente que eres capaz de cuidarte y tienes los elementos suficientes para hacer las cosas por ti mismo y salir adelante.

Grafoterapia

Escribe 21 renglones por 21 días, con tinta azul, tu nombre; subráyalo con doble línea, una amarilla y otra azul.

GRIPE CRÓNICA

La gripe es una enfermedad causada por un virus que se manifiesta con fiebre, escalofríos, dolores de cabeza, dolores musculares, estornudos, dolor de garganta y problemas respiratorios. Debilita al organismo al punto de que tal vez sea necesario recuperarnos en cama.

Cada síntoma expresa una emoción diferente. Por ejemplo, la fiebre se vincula con la ira, los estornudos con la crítica o con la necesidad de desprenderse de una persona o situación, la debilidad y el reposo consecuente, con la evasión de responsabilidades, la nariz congestionada con la intención de no sentir y, en general, la garganta y el no hablar bien, se vincula con emociones contenidas, es decir, no comunicar con la voz o expresarnos.

Si logras identificar cuál de los síntomas predomina en ti y reconocer lo que te molesta, podrás soltarlo, dejarlo ir y curarte de esa horrible gripa que está sacando las emociones que tú no puedes liberar.

GRAFOTERAPIA

Escribe 21 renglones por 21 días, con tinta azul, la frase: "Yo estoy muy bien."

¡No reprimas la letra y no te guardes nada!

Capítulo 7

Cuál es tu actitud frente a los problemas

*Cuando se enciende la luz para alumbrar
a otra persona estás alumbrando tu camino.*

Todos tenemos problemas, no te preocupes. Lo importante es que todos tenemos inteligencia, que es la capacidad necesaria para resolver problemas.

¿Para qué usas la mente? ¿Para arreglar las situaciones o para complicarlas?

La actitud no es otra cosa que la forma como reaccionamos ante una situación o un problema. Si bien es cierto que hay realidades que no podemos cambiar, que no está en nuestras manos hacerlo y que debemos asumirlas como tales, la forma como reaccionamos hará la diferencia.

Responde a estas preguntas:

* ¿Siento que la situación me controla, o soy yo el que controlo la situación?

- ¿Por qué pierdo el control ante la situación?
- ¿Quién es más grande, mi problema o yo?
- ¿Cuento con los recursos y las herramientas necesarias para afrontarlo?
- ¿He salido de situaciones difíciles en el pasado?
- ¿Cómo lo he hecho?
- ¿Con qué recursos personales cuento para salir de esta nueva dificultad?
- ¿Si pudiera tomar distancia del problema, podría ver algo que ahora no veo?
- ¿De esta situación conflictiva me puedo beneficiar?
- ¿Mi actitud es la que me lleva al problema?
- ¿Ante esta situación veo mi vaso medio lleno o medio vacío?
- Si pudiera asumir mi responsabilidad y comprender que el cambio depende de mí, en vez de pensar que las cosas son así o que el otro o la situación son los que deberían cambiar, ¿qué es lo que haría?
- ¿Podría asumir un pequeño cambio y comprometerme con ello?

Dibuja una flor y te diré como reacciones ante los problemas
¿Quieres saber de una vez por todos cómo actúas frente a situaciones complicadas en tu vida? Traza una flor.

Si tú hiciste….

Una maceta cuadrada, sigues los procedimientos.

Un pino, tienes más fe en el futuro que en el pasado, incluso eras más agresivo antes. Si pones más follaje demuestra que ya estás consciente de ello.

Una flor enorme con plumón, hablas y exagreras los problemas.

Si dibujaste muchos grises,
te sientes abrumado.

Si tu flor es un tulipán, te encierras en
ti mismo cuando tienes un problema.

Si dibujaste muchas macetas,
buscas estabilidad y muchas
opciones.

¿Pusiste nubes? ¿De qué color?

GRAFOTERAPIA

Dibuja muy despacio una flor de colores alegres durante 21 días. Esa flor te ayudará a que te relajes y a ver las cosas con objetividad.

¿Cómo vencer los cuatro problemas emocionales más grandes?

Toma una hoja en blanco y escribe las siguientes palabras:

- miedo
- culpa
- autocrítica
- inseguridad

Ahora identifica cuál fue la palabra que escribiste más grande. La palabra que escribiste de mayor tamaño es tu fantasma.

Miedo

¿A qué le temes? Piénsalo y luego escríbelo en papel. Aprende lo más que puedas acerca de la fuente de tu miedo. ¿Por qué tiene tanto poder en ti? ¿Qué te puede enseñar?

Para vencer tus miedos, reconócelos, dimensiónalos y empieza tu grafoterapia en color naranja. Para vencer el miedo el mejor antídoto es la acción, el miedo desea que te duermas, que te quedes pasivo e inactivo. Por eso, levántate y actúa.

Grafoterapia

Escribe en color naranja, "Mi letra es valiente como soy yo."

Deja de preguntarte qué es lo peor que te puede pasar y piensa qué es lo mejor que te puede pasar.

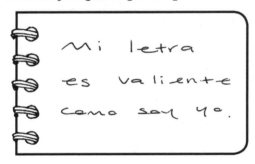

Culpa

¿Sientes culpa al comer? ¿Culpa porque pudiste hacerlo mejor? ¿Culpa por qué? El sentimiento de culpa intoxica tus emociones, te limita llenándote de privaciones y de incapacidades para tomar las riendas de tu vida.

La culpa nunca ha sido racional; altera y lastima la objetividad humana y la corrompe; le quita la libertad de razonar y mata el placer.

Ante la culpa, primero pregúntate si es justificada. ¿Hay algo que hacer al respecto? Si puedes hacerlo y solucionarlo, hazlo; si no, perdónate y sigue adelante.

Grafoterapia

Si en el ejercicio anterior la culpa fue la palabra que escribiste más grande y además le pusiste cruces a tu letra, quítaselas.

Ahora escribe en color verde la frase: "Mi letra es libre como soy yo."

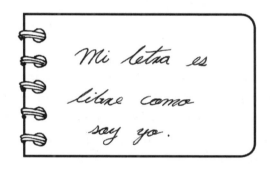

Autocrítica

Uno de los peores enemigos de la autoestima es la autocrítica. Para luchar contra ella primero debes identificarla. En nuestra mente existen dos "voces": la voz sana, que se acepta, que es objetiva y racional, y la voz patológica, la que critica de forma destructiva. Tienes dos opciones: vivir criticándote o vivir de lo bueno y usar lo bonito de ti, en lugar de atender lo feo.

GRAFOTERAPIA

Escribe convencido: "Mi letra ama como amo yo." Decide, desde este momento, ser tolerante y amarte profundamente.

INSEGURIDAD

La inseguridad puede tener diversos orígenes, pero una de sus causas centrales es la falta de confianza en uno mismo. Los miedos más comunes son al rechazo o a pensar en voz alta, es decir, a decir exactamente lo que piensas sin censura o temor de qué dirán.

No te vuelvas a quedar con la palabra en la boca, con los sueños en la almohada, con ese vestido en el clóset porque no te atreves a ponértelo. Trabaja con tu seguridad, pues cuando cambias tu mente un nuevo sol alumbra tu mundo.

GRAFOTERAPIA

A partir de ahora escribe grande y en color rojo: "Mi letra es segura como soy yo."

PARTE 2

Amor, sexo y pareja

Capítulo 8

Cómo eres en el amor

No sé hacia dónde vamos,
lo que sé es que quiero ir contigo.

Según el diccionario, la palabra *amor* significa: "Afecto intenso que se tiene hacia una persona, animal o cosa." Esta definición es escueta, simple y espantosa, pero pensemos que algo como el *amor* es muy difícil de definir porque hay emociones a las que las palabras no pueden hacerle justicia.

A mí –y a casi todos–, el amor me ha llevado a hacer las más grandes locuras, el amor me enseñó que puedo ser buena y valiente. Pero también he entendido que no es lo mismo enamoramiento que amor. El enamoramiento es transitorio, pasional, irracional y muy rápido; magnificas las cualidades, minimizas los defectos.

Y el amor es la sobrevivencia de los amantes, ya no son los químicos cerebrales locos jugando con tu mente y tus emociones. El amor hace que tú me mires y que yo te mire, que ya no me pierda en tus ojos, que ahora me encuentre en tu mirada.

Es cierto que cada quien habla de amor como le va en la feria. Algunos dicen que es un sentimiento espantoso, otros aseguran que es lo mejor que les ha pasado, en fin...

Te pido que dibujes un corazón, que te quedes conmigo un rato y veamos qué tan ardiente, enamorado o desilusionado andas.

Empezamos

Si dibujaste un corazón al centro de la hoja significa que para ti el amor representa el aquí y el ahora. Si lo dibujaste en la parte derecha refleja que empiezas relaciones duraderas.

Si dibujaste un corazón gordito, que hasta parece almohada, eso refleja tu generosidad enamorada, eres súper apapachador y consentidor.

Si tu corazón tiene un palito que cuelga en el trazo inferior, eso refleja que eres muy sexual, seductor, sincero y que tienes gran talento para los negocios.

Si tu corazón empieza con un án-
gulo y termina con un círculo es
porque el pasado fue difícil y complicado y eso te generó descon-
fianza.

Corazon rojo y redondito
Eres romática y celosa, fuerte y decidida en el amor.

Si tu corazón está muy remar-
cado, eres súper celosa y te clavas
mucho en las relaciones.

Ahora bien, cuando tu corazón
se divide en dos partes y la primera está más remarcada que
la segunda, no has olvidado al
gran amor, aún no superas las
relaciones pasadas.

Si trazas un corazón largo, tiendes a idealizar a la pareja y justificas sus defectos.

Cuando tu corazón es rojo y muy grande, te sientes bien dando amor, eres generoso como pareja.

Si remarcas algunas partes del corazón y lo adornas demasiado, siempre escoges el camino más complicado al enamorarte.

Cuando tu corazón empieza pequeño y lo terminas grande, apenas te estas aventando al amor. La primera parte es el pasado y la segunda es el futuro.

¿Un corazón con colita? Si dibujaste uno así, significa que no te permites enamorarte, por eso pones el corazón con cara de malo. La realidad es que parece no importante, pero estás aterrado con la posibilidad de que te dañen.

Un corazón así demuestra que eres cruel como pareja y anticonvencional sexualmente, por eso la cruz en la parte baja.

Si tu corazón tiene demasiados rayones, estás siendo muy agresivo, necesitas ser suave contigo y con los demás.

GRAFOTERAPIA

Para sanar el corazón, dibuja todos los días un corazón gordito. Acuérdate de que los dolores del alma se convierten en enfermedad del cuerpo.

Capítulo 9

Huye de estos cinco tipos de pareja, o no seas uno de ellos

Al estar en pareja, en algún momento nos enfrentamos a la pregunta: "¿Conozco realmente a la persona que amo?" Sucede que el enamoramiento es una fase que se caracteriza por ceguera emocional, lo que nos lleva a cometer "locuras por amor"; en ese periodo, no vemos a la persona tal cual es, sólo la idealizamos.

Algunos científicos han llegado a la conclusión de que el amor romántico es una estrategia de la naturaleza para que la pareja permanezca unida mientras los hijos son completamente dependientes de los padres. En otras palabras, consideran que el amor sólo tiene el propósito de favorecer la reproducción y, por tanto, la preservación de la especie, ¿qué tal?

Más allá de las teorías, en la práctica, estoy segura de que a todos nos ha pasado: ves a una persona por primera vez y te impacta de un modo extraordinario, sientes un cosquilleo en el estómago, se te va la onda, te pones nervioso y te ríes por cualquier cosa. Ése es el primer paso para el enamoramiento, que no es lo mismo que amor.

Los estudios han revelado que el enamoramiento dura un máximo de cuatro años, tiempo necesario para que tu cerebro cree resistencia a la revolución química y hormonal que te hace sentir perdido por el otro. Durante ese periodo es común sentir emociones intensas y volver irracional lo racional. Es una etapa donde justificamos los defectos de nuestra pareja: "No es que sea feo, tiene una belleza extravagante." "No es que sea celosa, es que me quiere demasiado." "No es que sea codo, es muy administrado."

En la fase de enamoramiento nos suceden diversas cosas, entre ellas:

- Deseo intenso de intimidad y cercanía física.
- Búsqueda de reciprocidad.
- Temor al rechazo.
- Pensamientos obsesivos sobre el otro, que interfieren en la actividad diaria.
- Pérdida de la concentración.
- Respuestas fisiológicas fuertes ante la presencia del otro: palpitaciones, sensación de revoloteo en el estómago, entre otros.
- Visión irreal del otro por medio de la idealización.

La idealización es como ponernos una venda en los ojos para no ver de quién nos estamos enamorando en realidad. Es verdad que no existe la pareja perfecta, pero necesitamos tener más objetividad, aun en la etapa del enamoramiento, para evitar caer en relaciones tóxicas que alteren nuestro destino de forma desagradable.

En este sentido, la grafología es una herramienta que te permite ver lo que tu corazón no desea o confirmar que tu pareja es una persona de quien vale la pena enamorarse.

Los cinco tipos de personas de las que debes huir desde la primera cita o lo más pronto que puedas

1. EL FLOJO

Las personas flojas se caracterizan por su falta de iniciativa, porque carecen de voluntad para hacer las cosas. Convivir con alguien así es sumamente complicado, es desgastante tener que "arriar" constantemente a la pareja para obtener sólo un pequeño movimiento, en el mejor de los casos. Necesitas ver a tu pareja tal cual es y dejar de justificarla con ideas como: "No es flojo, es muy tranquilo." "No es perezoso, tiene otro ritmo." Sé consciente de que una pareja floja terminará por ser una carga en tu vida.

Recuerda el comportamiento de tu pareja –o piensa en el tuyo si estás analizando qué tipo de pareja eres–, y responde las preguntas:

- ¿Sientes que le falta iniciativa?
- ¿Tu pareja suele pasar muchas horas frente a la televisión o navegando por la red?
- ¿Tu pareja suele despertar tarde y muy cansada?
- ¿Tu pareja bosteza con frecuencia?
- ¿Tu pareja expresa que tiene un nivel de energía muy bajo?

- ¿Si a tu pareja le piden un favor, busca el modo de que alguien más lo haga?
- ¿Tu pareja pospone todo y lo deja "para mañana"?
- ¿Tu pareja evade responsabilidades?
- ¿Cuando algo no resulta al primer intento, tu pareja abandona?
- ¿A tu pareja se le complicaría sumar 4965 + 5?

Si respondiste "Sí" a la mayoría de las preguntas, seguramente tu pareja –o tú, en caso de que te estés analizando– cae en este tipo.

IDENTIFICA SU ESCRITURA
La persona floja escribe redondeado, suave; es decir, con muy poca presión, las letras van hacia todas las direcciones, no utiliza signos de puntuación.

GRAFOTERAPIA
Escribe imprimiendo con más presión, da dirección a tu letra y utiliza signos de puntuación.

¡Hola Susana! ¿Cómo has estado?
Te mando un abrazo.
                    Atte. Lucía

2. EL POSESIVO

Las personas posesivas son desconfiadas y se obsesionan por el otro, a quien desean controlar permanentemente. El posesivo aparenta ser muy fuerte, tiene una máscara de fortaleza y dominio. Sin embargo, detrás de esa máscara, está alguien inseguro, con una autoestima muy baja, que se siente incapaz de merecer amor. Por lo tanto, un posesivo no se confía de nadie.

Estar con alguien posesivo genera estrés y ansiedad. Las emociones y los deseos de la pareja posesiva pueden expresarse de diversas formas: chantaje, manipulación, discusiones intensas en privado o en público, espionaje, en fin, en situaciones que desgastan a quien las experimenta, a quien las recibe y, por tanto, a la pareja.

Recuerda el comportamiento de tu pareja –o piensa en el tuyo si estás analizando qué tipo de pareja eres–, y responde las preguntas:

- ¿Cuándo recibes una llamada o mensaje, tu pareja te exige que expliques quién te está llamando y para qué?
- ¿Tu pareja revisa tus mensajes o correos electrónicos al primer descuido?
- ¿Tu pareja se molesta cuando mencionas a personas del otro sexo?
- ¿Tu pareja siente que debe conocer a toda la gente que te rodea?
- ¿Tu pareja sospecha cuando alguien te trata bien?
- ¿Tu pareja cree que la amistad entre hombre y mujer es imposible?
- ¿A tu pareja le molesta que estés con tu familia?

- ¿Tu pareja te reprocha no ser el centro de tu atención?
- ¿Tu pareja te marca constantemente para conocer tu ubicación?

Si respondiste "Sí" a la mayoría de las preguntas, seguramente tu pareja –o tú, en caso de que te estés analizando– cae en este tipo.

IDENTIFICA SU ESCRITURA

La persona posesiva redondea la letra y aplica mucha presión al escribir, creando trazos fuertes que suele remarcar. No deja espacios en blanco.

GRAFOTERAPIA

Escribe imprimiendo con menos presión, no remarques las letras y separalas, así como las palabras.

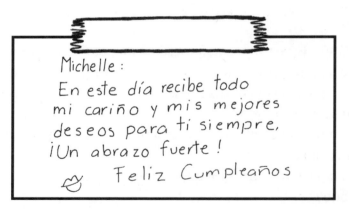

3. El codo

Las personas codas o tacañas son sumamente egoístas y obtienen placer al retener y acumular. Le otorgan más importancia al dinero que a cualquier vínculo afectivo. Escatiman no sólo con sus recursos materiales, también con sus recursos afectivos, por lo tanto es muy difícil que mantengan una relación a largo plazo.

Recuerda el comportamiento de tu pareja –o piensa en el tuyo si estás analizando qué tipo de pareja eres–, y responde las preguntas:

- ¿Tu pareja constantemente habla de dinero?
- ¿Tu pareja siempre gobierna los gastos pero nunca tiene dinero para nada?
- ¿Tu pareja siempre está agobiada por los gastos?
- ¿Tu pareja olvida con frecuencia la cartera?
- ¿A tu pareja le molesta que le pidan cosas prestadas?
- ¿Tu pareja sufre ante la idea de compartir algo?
- ¿Tu pareja busca promociones para invitarte a salir (como el cine al 2 x 1)?
- ¿Tu pareja evita las carreteras o vías de cuota aunque eso aumente el tiempo de viaje?

Si respondiste "Sí" a la mayoría de las preguntas, seguramente tu pareja –o tú, en caso de que te estés analizando– es coda. Y nada hay más horrible que una pareja que no da.

Identifica su escritura

La persona coda o tacaña escribe los números muy grandes y apretados, no deja ningún espacio de la hoja en blanco.

GRAFOTERAPIA

Escribir los números de tamaño normal y abrir espacio entre uno y otro. Dejar espacios libres de la hoja.

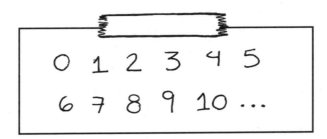

4. EL VIOLENTO

Las personas violentas expresan, por medio de conductas agresivas, su incomodidad, insatisfacción y, en general, emociones contenidas. Suelen reaccionar de forma desproporcionada ante lo que les disgusta, y lo hacen con insultos, desprecio, críticas, amenazas y golpes. Su propósito es castigar a quien consideran las molesta u ofende.

Se dejan llevar por los impulsos, pierden el control de sus actos. Cuando las cosas se dan opuestas a sus deseos, no se adaptan a las circunstancias ni enfrentan los obstáculos con tranquilidad. Sus reacciones nunca pasan por el tamiz de la razón.

Recuerda el comportamiento de tu pareja –o piensa en el tuyo si estás analizando qué tipo de pareja eres–, y responde las preguntas:

- ¿Tu pareja controla lo que haces, piensas o dices?
- ¿Tu pareja te aleja de los demás?
- ¿Tu pareja te critica con frecuencia?

- ¿Tu pareja hace comentarios que te lastiman y ofenden?
- ¿Tu pareja te levanta la voz?
- ¿Tu pareja te ha golpeado o empujado?
- ¿Tu pareja te ha obligado a tener relaciones sexuales?

Si respondiste "Sí" a la mayoría de las preguntas, seguramente tu pareja –o tú, en caso de que te estés analizando– cae en este tipo.

IDENTIFICA SU ESCRITURA

Letra grande y angulosa, con líneas que cruzan las letras y nudos en las redondas.

GRAFOTERAPIA

Escribe con letra suave y redonda, evita cruzar líneas o remarcar letras.

5. EL DEPENDIENTE

Las personas dependientes ponen su relación por encima de todo, incluso de sí mismas. Eliminan cualquier cosa que consideren se interpone entre ellas y su objeto de amor –como sus intereses y aficiones. Están completamente disponibles para el otro y, ante la idea de perderlo, sienten miedo. Al colocar a su pareja en primer lugar, se subordinan a sus necesidades y deseos. Veneran e idolatran al ser amado, a quien le permiten y justifican absolutamente todo.

Detrás de esta máscara, se encuentra una persona insegura, con autoestima baja y llena de dolor. En el fondo, son voraces afectivamente.

Recuerda el comportamiento de tu pareja –o piensa en el tuyo si estás analizando qué tipo de pareja eres–, y responde las preguntas:

- ¿Tu pareja está siempre disponible?
- ¿Tu pareja abandona sus planes, intereses o aficiones por estar contigo?
- ¿Tu pareja olvida sus responsabilidades por estar contigo?
- ¿Tu pareja busca complacerte siempre?
- ¿Tu pareja no expresa opiniones diferentes a las tuyas?
- ¿Tu pareja acepta tus condiciones sin cuestionar?
- ¿Ante un conflicto, tu pareja expresa angustia o miedo ante la idea de perderte?

Si respondiste "Sí" a la mayoría de las preguntas, seguramente tu pareja –o tú, en caso de que te estés analizando– cae en este tipo.

IDENTIFICA SU ESCRITURA

En sus frases de amor utilizan palabras como siempre, eterno, juntos. Escriben en plural en lugar de en primera persona: "Nosotros iremos a la cena".

GRAFOTERAPIA

Escribe párrafos en primera persona y en afirmativo que te motiven y refuercen tu individualidad.

Yo tengo talento para realizar cualquier actividad que deseé.

Capítulo 10

Descubre tu personalidad sexual

El sexo es una trampa de la
naturaleza para no extinguirse.
Friedrich Nietzsche

Escribe tu letra *g* y analízala.

¿Pensabas que sólo tu letra *g* revela cómo eres sexualmente? Pues no, también el autorretrato que realizaste en el capítulo 5 informa sobre tu actitud ante el sexo, te dice si eres dominante, sumiso, reprimido, animal, relajado, liberal, frío, cuadrado, inseguro o vanidoso, entre otras características.

A veces sentimos miedo, vergüenza o pudor al expresar nuestra sexualidad, aceptarla y disfrutarla, aunque la sexualidad es un aspecto muy importante en la vida de todos los seres humanos. Se relaciona con la capacidad de sentir placer. Es algo que nace y muere con nosotros; es decir, está presente en cada etapa de nuestra vida e involucra aspectos físicos, sentimentales y emocionales. Por ello, se vincula con nuestra forma de ser, pensar, sentir, actuar y repercute en el modo en que nos relacionamos con nosotros mismos y con los demás.

De acuerdo con Sigmund Freud, la sexualidad rodea todo lo que somos. No es "algo" que surge de pronto en los adolescentes, jóvenes o adultos. La crianza y la educación, así como la edad, la cultura, la región geográfica, la familia y la época histórica en que nacimos, inciden en cómo cada uno de nosotros vive su sexualidad.

Con frecuencia, confundimos el concepto de "sexualidad" con "sexo" o "relaciones sexuales", lo que nos hace pensar en ella sólo como el contacto genital; sin embargo, como ya lo mencioné, la sexualidad incluye otros aspectos. Por ejemplo, el afecto que una persona siente por sí misma –es decir, su autoestima– y el cariño que siente por los demás son parte de su sexualidad.

Gracias a la función comunicativa de la sexualidad, es posible que como personas expresemos nuestros sentimientos, deseos, valores y lo que pensamos de nosotros mismos. En lo referente a los genitales, la comunicación es muy importante, pues mediante ella podemos expresar lo que sentimos, lo que nos gusta y desagrada, así como reconocer qué siente el otro, saber qué le provoca placer y qué le molesta. La comunicación es necesaria para construir una relación respetuosa libre de malestar, opresión o violencia.

Tu autorretrato

Retoma el autorretrato que hiciste en el capítulo 5 y analízalo a la luz de los siguientes ejemplos.

El significado de algunos autorretratos

Autorretrato 1

Dibujarte con mucho cabello significa que eres alguien sumamente sexual.

Autorretrato 2

Dibujarte una boca grande y remarcada indica que hablas mucho, que eres muy ruidoso y expresivo en la cama.

Autorretrato 3
Retratarte con el cabello recogido o engomado indica que estás o te sientes reprimido. ¡Suéltate el pelo!

Autorretrato 4
Retratarte con barba significa que tienes la necesidad de expresar tu virilidad en el acto sexual.

Autorretrato 5
Dibujarte con más fleco que melena significa que aparentas ser más sexual de lo que realmente eres.

Autorretrato 6
Perfilarte con una cabellera de rizos apretados indica que eres muy sexual, pero experimentas mucha tensión en otros aspectos de tu vida.

Autorretrato 7
Retratarte con cabello largo y en pico indica que eres dominante y muy sexual.

Autorretrato 8
Dibujarte con copete indica que
eres tan romántico como sexual.

Autorretrato 9
Dibujarte sin pelo o con poco
pelo significa que la sexualidad
no es una prioridad en tu vida.

Capítulo 11

Identifica si tiende a ser infiel

Cuando se está enamorada,
la fidelidad es fácil.
JULIA ROBERTS

Pocas cosas me han marcado tan profundamente como la infidelidad, incluso llegué a pensar que la idea de fidelidad era sinónimo de ingenuidad. Es común que nos digan: "El ser humanos es infiel por naturaleza", pero sólo pensamos en ello cuando notamos en el otro las siguientes actitudes:

- Tu pareja evita oficializar la relación.
- Tu pareja no te permite ni siquiera tocar su celular. (Desconfía si no puede soltarlo o lo esconde para evitar que lo veas.)
- Tu pareja te miente con frecuencia. No te dice dónde ni con quién está.

- Tu pareja ha cambiado de comportamiento. Cuando alguien es infiel, aumenta la actividad hormonal de su cerebro generando modificaciones en su conducta.
- Tu pareja ha cambiado su aspecto y sus gustos, incluso se ha modificado su apetito sexual.

En México, la ciudad con mayor tasa de infidelidad es León, seguida por la Ciudad de México y Toluca. En cuanto a cifras generales, nueve de cada diez hombres y siete de cada diez mujeres reconocen haber sido infieles.

Cuando se descubre, la infidelidad es una de las situaciones más difíciles que puede enfrentar una pareja. Claro, no todas las infidelidades son iguales. No es lo mismo una "noche de placer" que una relación paralela, y las cosas se agravan cuando en el coctel aparecen tu mejor amigo o amiga. La infidelidad siempre es dolorosa y te lleva a cuestionarte: ¿perdonar o no perdonar?

Necesitas saber que la infidelidad, como cualquier otro delito, se puede prevenir. Hay personas con mayor tendencia a ser infiel, la ciencia lo demuestra. Un estudio realizado a mil parejas heterosexuales en Suecia, comprobó que la infidelidad en los hombres es determinada por un gen que influye en el cerebro. Quienes son proclives a la monogamia carecen de éste.

Así, la culpa de la infidelidad es del gen llamado "alelo 334", que gestiona la vasopresina, una hormona que se reproduce naturalmente, por ejemplo, con los orgasmos. Las personas con dos copias del gen tienen doble riesgo de experimentar conflictos en la relación de pareja por infidelidad y divorciarse, en comparación con los hombres que carecen de dicho gen; por tanto, independientemente de factores como el aburrimiento, la infidelidad es una tendencia biológica que surge en el cerebro y, por tanto, se evidencia en la escritura.

Cómo detectar a una persona infiel por su letra

- El infiel es *egocéntrico*, necesita ser el centro de atención. Firma grande y en el centro, su letra suele ser pequeña en la zona media.
- El infiel *necesita reafirmarse y ser halagado*, por lo que pondrá una línea debajo de la firma o durante el texto subrayará o escribirá con mayúsculas.
- El infiel es más instintivo que racional, escribe rápido y con las partes bajas grandes.
- El infiel es más *inseguro*, por eso a veces escribe tan pegadito.

La escritura de una persona fiel demuestra seguridad y autocontrol: es firme, alta y vertical.

Grafoterapia

¿Nos podemos volver fieles? ¿Podemos aprender a controlarnos, a tener un mayor dominio de nuestros instintos? Con grafoterapia es posible.

Escribe verticalmente a lo largo, utiliza letra de tamaño regular y pon un puntito antes de escribir. Esto te ayudará a ser más racional que instintivo.

Recuerda la regla, 21 renglones por 21 días.

Capítulo 12

¿Celoso yo?

Los celos son una de las emociones esenciales de los seres humanos aunque también son una de las más oscuras, dañinas e incómodas que existen. También podemos encontrar esta emoción en especies animales como los chimpancés, los elefantes o los perros, que también son celosos, entre otros animales. Los celos son el miedo a perder lo que se ama, lo que se quiere o lo que se tiene.

En ocasiones, ese miedo tiene fundamentos reales, pero las más de las veces se sustentan en cosas irreales, en historias que armamos y recreamos en la mente.

Es tan feo sentir celos como ser celado. Si tenemos una pareja celosa, solemos descubrirlo hasta que empieza a tener conductas y reacciones agresivas, fuera de control.

Una explicación científica para los celos dice que su raíz está vinculada con bajos niveles de serotonina, un neurotransmisor en el cerebro que controla otros fenómenos como el hambre, el dolor o el humor.

La grafología nos ayuda mucho a saber qué tan celoso eres; hasta donde es normal y, sobre todo si tu pareja es celosa, ¿qué tanto? En estos casos más vale prevenir que lamentar, porque además es lógico que al principio de la relación, uno diga "no es celoso, lo que pasa es que me quiere mucho".

Las personas que han tenido varias relaciones íntimas y han terminado a causa de sus celos suelen comentar que han sido celosas desde pequeñas. Esto ha hecho que algunos psicólogos de la personalidad sostengan que existe algo así como una "personalidad celosa".

Algunos datos sobre los celos:

- Los hombres más celosos del mundo son los brasileños.
- Los más preocupados por la fidelidad sexual son los suecos.
- El país con menor índice de celos es Japón, debido a que su tasa de natalidad es muy baja.
- Los hombres son más celosos. La explicación tiene que ver con la procreación: sus hijos tienen que ser suyos, no debe haber duda al respecto.
- Las mujeres sienten celos por el tiempo y la energía dedicada a la relación.

Cómo detectar a un celoso por su letra

Celoso inseguro

Los celos se ligan a la inseguridad. Quienes son celosos por inseguridad escriben con letra muy pequeña, con trazo fuerte y poco espacio entre caracteres y palabras.

Celoso territorial

Hay celosos que no son inseguros, sino personas dominantes a quienes no les gusta perder, ni toleran que se metan con lo que consideran suyo. Son celosos territoriales que con su actitud expresan: "Esto es mío y lo respetas."

Escriben grande y con presión muy firme, no importa si el trazo es anguloso o redondeado.

Celoso controlador

Decimos que una persona sufre de personalidad controladora cuando dicta a las personas de su entorno el comportamiento que deben adoptar. Quiere controlar todas las situaciones en las que se encuentra. Todo está planificado, calculado y organizado según lo que ha decidido con extremo rigor. Este tipo de personas suelen pensar que su intervención es necesaria y esconden un sentimiento de superioridad, de ahí la necesidad de tenerlo todo controlado. Según ellas, deben tomar el mando de una situación porque los demás no saben gestionar correctamente los imprevistos. El mínimo cambio les afecta por eso nada dejan al azar, piensan en todos los detalles y se adelantan a todos los imprevistos. En este caso es tanto el miedo de perder a la pareja que empiezan a controlar todo, pues piensan que sólo se cela a quien se ama. Utilizan letra vertical y signos de puntuación correctos.

Celoso porque tiene tendencia a ser infiel

Si la burra no era arisca...

Este tipo de celoso utiliza la letra a la derecha, escribe de manera rápida partes bajas muy grandes.

Celoso patológico

Existen celosos patológicos. Son las personas que pueden lastimar, incluso matar a su pareja. Ante alguien así, lo mejor es poner tierra de por medio.

La letra de los celosos patológicos se inclina hacia la izquierda, es rápida, angulosa y de presión firme. Los celosos remarcan determinadas zonas de su escritura.

Grafoterapia

Seas tú o tu pareja quien sienta celos, pueden corregirlo mediante la grafoterapia. ¿Cómo?, escribe más suave; es decir, quita presión al trazo, utiliza un tamaño regular para las letras y deja espacio suficiente entre caracteres y palabras. Esto te ayudará a sentirte más seguro, relajado, equilibrado y suelto.

Recuerda la fórmula: 21 renglones por 21 días.

Capítulo 13

¿Somos compatibles?

Cuando un hombre encuentra a su pareja,
comienza la sociedad.
Emerson

Las relaciones de pareja necesitan más que amor y pasión para sostenerse. Hemos hablado de enamoramiento, atracción y sexo, pero lo que realmente hace que una pareja funcione y perdure es tener personalidades compatibles.

Durante el enamoramiento –que como vimos es un estado de locura con duración de, como máximo, cuatro años–, puede ser que tomemos decisiones importantes de nuestra vida, como casarnos o tener hijos; sin embargo, al hacerlo en ese estado, podemos correr el riesgo de equivocarnos.

Cuando nos enamoramos, liberamos dos sustancias: feniletilamina –sustancia que también podemos encontrar en el chocolate–, que genera euforia, excitación y placer, y dopamina, que provoca la necesidad de repetir situaciones placenteras. Hombres y mujeres recibimos las señales por medio del olfato y en particular las mujeres, también durante la ovulación, lo que significa que los seres humanos nos enamoramos con el cerebro reptil, la parte más primitiva de este órgano.

Visto desde esta perspectiva, ¿qué decisión prudente podemos tomar en ese estado? Ninguna. Al enamorarnos, depositamos en el otro cualidades que no tiene, como ya dijimos, lo idealizamos y justificamos sus defectos. No amamos a la persona, amamos la imagen de esa persona.

Ya después del enamoramiento, cuando seguimos juntos, pueden identificarse dos tipos de pareja: la que es compatible por similitud –sus miembros son muy parecidos entre sí– y la que es compatible por complementación –sus miembros son polos opuestos que se complementan.

¿Qué tipo de pareja tienes?
Existen aspectos fundamentales que deben hablarse al formar una pareja. Sobre todo, necesitan indagar, independientemente de que estén en la fase del enamoramiento o que la hayan superado, ¿qué tan compatibles son en el ámbito económico y social? ¿Cómo funcionan sus caracteres y formas de enfrentar las situaciones? La grafología, por supuesto, te da las herramientas para descubrirlo.

La compatibilidad en algunas parejas

ÁMBITO ECONÓMICO
Tener una visión común sobre la administración del dinero en la pareja es fundamental; los desacuerdos económicos suelen llevar a muchas parejas a terminar.

El más responsable con los gastos escribirá verticalmente, de forma ordenada, con letra clara y respetará los márgenes.

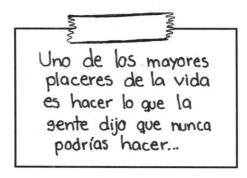

A quien le gusta más el dinero escribirá en mayúsculas, pero a quien le fascina gastar, escribirá redondeado y con letras muy grandes.

NIVEL SOCIAL

Tener gustos similares sobre la convivencia con otros es también un aspecto muy importante para la subsistencia de la pareja.

Que ambos miembros tengan la letra grande significa que se trata de una pareja compatible por similitud. El tamaño de la letra implica que ambos son sociables, extrovertidos, dicen lo que piensan y les gusta llamar la atención.

El miembro de la pareja menos sociable escribirá con letra más pequeña. La imagen ejemplifica una pareja compatible por complementación.

EN QUIÉN RECAE LA TOMA DE DECISIONES

Existen parejas en las que todas las decisiones se toman de forma consensada. Y hay otras en las que un miembro es quien tiende a tomar la mayoría de las decisiones y a marcar el rumbo de la pareja.

La persona que toma la mayoría de las decisiones escribirá más fuerte; la que se deja llevar como por la corriente escribirá más suave. Éste es otro ejemplo de compatibilidad por complementación.

Si ambos miembros escriben exageradamente fuerte y anguloso, son una pareja de fuego, se enojan con todo, pero las reconciliaciones son igual de intensas. Las líneas largas en este tipo de escritura significan: "No te me acerques cuando estoy enojado."

El miembro de la pareja más sensible a los comentarios del otro no cerrará las letras al escribir; mientras que el más enojón, el que piensa que puede hacer las cosas como quiere escribirá cerrado y apretado.

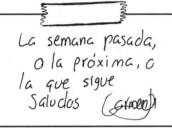 

PARTE 3
Éxito y dinero

Capítulo 14

En qué se fijan para contratarte

Sólo tienes ocho segundos para causar una buena impresión, es el tiempo que tarda el cerebro en emitir un juicio sobre alguien. El problema es que esa primera impresión está más ligada con las vivencias, creencias y estereotipos de quien te mira, que contigo. Si la persona, de forma inconsciente, te asocia con algo positivo, ¡ya la hiciste! Otra es la historia si, en cambio, te asocia con algo negativo.

Esto nos sucede a todos, a cada momento, pero puede tener consecuencias desastrosas si vives en un país donde noventa por ciento de la contratación se decide con base en la imagen, en la apariencia. En esos ocho segundos el evaluador ya te juzgó y decidió, a partir de su análisis, si eres la persona adecuada para cubrir la vacante.

Necesitamos estar conscientes de que, desde el momento en que entramos a algún lugar, estamos comunicando; es decir, mandando información sobre quién y cómo somos, mediante la postura, el tono de la voz, el saludo, la mirada, cómo nos paramos, qué decimos.

En este sentido, te comparto algunos consejos básicos:

- Mantén una postura corporal adecuada. ¡No te jorobes!
- Sonríe. La sonrisa genera un efecto espejo en el cerebro; si sonríes te sonríen.
- Mira a los ojos a tu entrevistador, no demasiado fijo por que puedes parecer intimidante, sólo sostén la mirada.
- Saluda bien de mano, no muy fuerte, no muy suave, y procura que las palmas demuestren igualdad.

Además de la entrevista de trabajo, muchas empresas piden que dibujes o escribas algo. Lo que ignoras es que eso que escribiste será analizado por un grafólogo que dirá si eres apto o no para el puesto de trabajo que tanto deseas.

La grafología en la selección de personal tiene tanto éxito porque se basa en la *verdadera* personalidad de los candidatos, y no en su apariencia o en la primera impresión del evaluador.

¿Qué rasgos se buscan en la selección de personal?
Depende el perfil del puesto, porque no es lo mismo contratar a una persona para el área contable, que para el departamento creativo o para ventas. En cada uno de esos lugares se requieren de personalidades completamente distintas. Por ello, para realizar la selección correcta, el grafólogo debe conocer *perfectamente* el perfil del puesto.

Algunos ejemplos

Si la vacante es de ventas, se requiere alguien con agilidad mental y facilidad de palabra, que escriba rápidamente, con letra abierta y su escritura esté ligada.

Ludmila Escobar

Si, en cambio, necesitan a alguien con talento creativo, se observará que las letras estén remarcadas y que los trazos fluyan, pues además los creativos son obsesivos y tienen firma simétrica.

Claudia Jimena

Si se requiere alguien idóneo para labores administrativas, de planeación y logística, se buscará que la escritura se construya a partir de letras cuadraditas, legibles y ordenadas.

Arq. Luis Arturo Godínez Castro

Pero si la intención es cubrir un puesto donde sea importante la capacidad de análisis, introspección y trabajo en solitario, la atención se centrará en que la letra sea pequeña, evidencia de que la persona es detallista y minuciosa, y en el discurso se coloquen signos de puntuación.

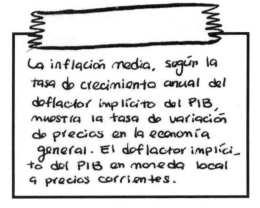

Si, en cambio, se necesita a alguien con inteligencia social, se observará que la letra sea más grande y redondeada.

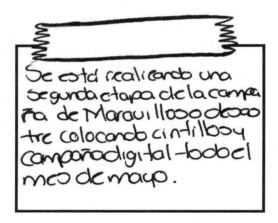

Existe un aspecto muy importante para la contratación: la puntualidad. Para saber qué tan puntual es alguien, se le solicita que escriba la serie: "ililili". Veamos qué tan puntuales son, en una hoja escribe la serie y después analiza los siguientes puntos:

- Los puntuales escribirán la *i* con punto.
- Los impuntuales escribirán la *i* despegada porque siempre andan a la carrera.
- Los impuntuales incorregibles, de plano, omitirán los puntos de la *i*.
- Los que a veces ponen punto en la *i* y otras nos serán puntuales según el interés o presión que tengan por llegar a tiempo.

Si te preguntas: "¿Puedo fingir la letra para obtener el trabajo de mis sueños?" Te repito lo que dije en la introducción: la letra fingida es como una sonrisa falsa, siempre se nota.
Recuerda que las apariencias engañan... la letra no.

Capítulo 15

Descubre tu vocación

Existen tres preguntas básicas que nos hacemos los seres humanos: "¿Quién soy?" "¿Con quién voy a estar?" "¿A qué me voy a dedicar?"

Sobre las dos primeras preguntas ya hemos platicado bastante en las partes 1 y 2 de este libro. La tercera pregunta es, en realidad, muy importante, porque requiere una gran reflexión sobre a qué me dedicaré el resto de mi vida.

Una guía muy importantes es la vocación. El término proviene de *vocatio*, palabra latina que se refiere a la inspiración con que Dios llama a algún estado. Asimismo, la vocación es considerada un proceso que se desarrolla toda la vida, porque implica descubrir quién soy, cómo soy y hacia dónde quiero ir; es decir, lo que hacemos permanentemente. Las respuestas a esas interrogantes marcarán la vocación y el camino que seguirá la persona.

Antes de continuar, no pienses que estás perdiendo el tiempo leyendo este capítulo si ya te titulaste y ejerces tu profesión, quizá deseas dar un giro a tu vida, iniciar un nuevo camino o confirmar tu primera elección.

Frente a la amplia gama de opciones, ¿qué carrera elegir? Para empezar, necesitas clarificar tus gustos y preferencias, y a partir de un autoexamen objetivo, identificar tus mayores habilidades. Considera que existen tres elementos fundamentales para tomar una decisión que impacte tu vida de forma maravillosa:

1. Conocerte a ti mismo
2. Identificar tus opciones
3. Considerar tus múltiples habilidades y crear un plan a, b y c.

Uno de los errores más terribles de la orientación vocacional es decirle a las personas: "Tú, abogado", "tú, contador", "tú, actor", "tú, bailarín", porque todos tenemos cualidades para realizar diversas cosas, y esas distintas opciones necesitan considerarse antes de optar por un camino u otro. Al hacerlo de esta manera, disminuye la presión y se amplían tus posibilidades.

Los grandes errores que se cometen al elegir carrera son:

- Elegir una licenciatura porque "se gana bien".
- Elegir una licenciatura porque "está de moda".
- Elegir una licenciatura porque "mi papá o mi mamá se dedican a eso".
- Elegir una licenciatura porque "tengo palancas" o "para estar con mis amigos".
- Elegir una licenciatura porque "*alguien* me dijo que tengo cara de X profesionista".

- Elegir una licenciatura porque necesitas decidir rápidamente.
- Elegir una licenciatura porque "me gusta al cien por ciento".

Al elegir una carrera, formúlate las preguntas:

- ¿Qué tipo de inteligencia tengo?
- ¿Cuáles son mis aptitudes?
- ¿Cómo es mi personalidad?
- ¿Prefiero trabajar solo o en equipo?
- ¿Soy sociable o solitario?
- ¿Me gusta la rutina?
- ¿Estoy dispuesto a viajar?

Explorar la vocación mediante la grafología

CIENCIAS EXACTAS

En este grupo se incluyen carreras vinculadas a las ciencias biológicas, físico-matemáticas, químicas, ingenierías, lingüísticas. Se requiere de una inteligencia lógico-matemática, pues es imprescindible razonar y/o deducir y aplicar reglas, comprender y manejar conceptos abstractos, relacionar y jerarquizar información de forma esquemática, resolver problemas, armar rompecabezas.

CARACTERÍSTICAS DE LA ESCRITURA

Cuadrada, con fuerte presión en los trazos. Los caracteres pueden ser pequeños pues no se requiere que sean sociables, pero sí lógicos, organizados y abstractos suelen incluir viñetas. Ocupan toda la hoja porque no les gusta desperdiciar espacios ni recursos, pues utilizan toda la información que tienen a mano.

Ciencias de la salud

En este grupo se incluyen carreras como medicina, odontología, psicología y veterinaria. El tipo de inteligencia dominante es, también, la lógico-matemática, pues se necesitan funciones de análisis, deducción, conocimiento y aplicación de reglas y procedimientos, pero también es indispensable la inteligencia social y emocional, pues los profesionales de esta área trabajan con personas con quienes necesitan ser empáticos y tolerantes.

CARACTERÍSTICAS DE LA ESCRITURA

Primero quiero desmentir esta idea: "Escribe muy feo, tiene letra de doctor." "Es ilegible, tiene letra de doctor", lo cierto es que su letra refleja que estas personas tienen procesos mentales muy rápidos.

Quienes son aptos para esta área tienen una escritura legible, ordenada, pero alta, porque son más racionales que emocionales. Atienden los pequeños detalles y utilizan de forma adecuada los signos puntuación. El tamaño de la letra es mediano pues son aptos para trabajar individualmente y en equipo.

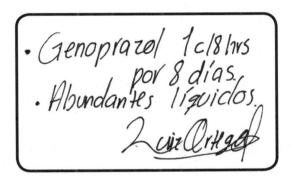

CIENCIAS SOCIALES Y HUMANIDADES

Las ciencias sociales son las que tienen que ver con el otro, es decir, son para aquellos que están contacto con su entorno: políticos, abogados, empresarios, economistas, periodistas, líderes y especialistas en comunicar ideas por medio de las palabras. Las personas aptas para esta área disfrutan el contacto con la gente, tienen facilidad de palabra, son agudas en sus juicios, aprecian el movimiento y buscan la actividad, pueden organizar muy bien las ideas.

Características de la escritura

Quienes son aptos para esta área, pero tienen un enfoque administrativo, tienen una escritura ordenada, redondeada y vertical. Su firma es grande.

En cambio, si tienen aptitudes para el liderazgo, los negocios o la comunicación, la escritura será ancha, se imprimirá una presión fuerte, y tendrá velocidad rápida, pues son muy instintivos.

Arte, arquitectura y diseño

El artista es aquel que sabe crear belleza donde no existe, como el arquitecto, el pintor, el escultor, los cirujanos plásticos o reconstructivos, los estilistas, los diseñadores, entre otros.

Características de la escritura

En su escritura se encuentra la combinación entre exactitud y belleza. Suelen tener firmas simétricas, ordenadas, letra angulosa, rápida, gruesa, trazos bien hechos y limpios.

LAURA REYES

Quienes son aptos para la comunicación visual, para transmitir mensajes a través de colores e imágenes, tienen una letra vertical, grande y redondeada, así como una firma adornada.

Verónica Ruiz
comunicación
visual

Capítulo 16

El toque de Midas, o cómo tener más dinero gracias a tu letra

El requisito del éxito es la prontitud en las decisiones.
Sir Francis Bacon

¿Qué tienen en común las firmas de los hombres más ricos del mundo? ¿Qué los ha llevado a ser los más ricos e influyentes? Nada más ni nada menos que *el toque de Midas*, llamado así en honor al rey del cuento que, con sólo tocar las cosas lo convertía todo en oro. El elemento que vincula a las personas más ricas del mundo es que tienen el toque de Midas en su escritura. Lo mejor de esta situación es que tú también puedes tenerlo si cambias un rasgo de tu escritura.

Observa las firmas y trata de identificar cuál de los rasgos pertenece al toque de Midas:

¿Lo encontraste? Sí, todas las firmas incluyen un número o un signo de pesos; ése es el toque de Midas.

¿Qué puedes hacer para atraer dinero a tu vida?
Lo primero es agregarle un signo de pesos o un número escondido a tu firma. Además, puedes cultivar tres aspectos de carácter, comunes también a estas personas, que te ayudarán a tener más dinero y mayor seguridad, de forma más rápida.

ASPECTO 1: CLARIDAD DE IDEAS Y VELOCIDAD DE ACCIÓN

Letra rápida porque refleja agilidad mental; con presión fuerte porque se requiere fuerza e impulso para actuar; sin adornos porque no piensan demasiado las cosas, generalmente inclinada a la derecha.

ASPECTO 2: AMBICIÓN Y GUSTO POR LOS RETOS

Firma ascendente, que refleja ambición, indica que no se dan por vencidos hasta alcanzar sus objetivos.

ASPECTO 3: SEGURIDAD PERSONAL

Son personas que creen en sí mismas sin considerar lo que piensen los demás. Firman y escriben grande.

Lo único que necesitas para ser exitoso es tener la fuerza, el empuje y el coraje para hacer que las cosas se muevan. Somos nosotros quienes *escribimos* nuestro destino. Bien lo dijo sir Francis Bacon: "El requisito del éxito es la prontitud en las decisiones."

Capítulo 17

"Pintarse la cara color esperanza"

LOS MENSAJES SECRETOS DETRÁS DEL COLOR

¿Qué color te conviene vestir en una entrevista de trabajo? ¿Qué color es para ligar? ¿Qué color da calma? ¿Cuál te hace engordar? Cada color tiene un mensaje, un significado, incluso un uso oculto y distinto.

Los colores tienen poder e influencia sobre nosotros. Siempre comunican emociones y sensaciones, es más, crean necesidades. En otras ocasiones, curan, regresan energía o dan calma. Es un hecho que reaccionamos más rápidamente a los colores que a las palabras.

En grafología, los colores reflejan esa acción inconsciente de elegir algo, para demostarar una idea, una emoción, un sentimiento, pero también funciona a la inversa, cuando de forma consciente elegimos de qué color quiero pintar mi vida.

Ahora sabes que los colores tienen significado y puedes programarte por medio de un decreto, usando el color de tu elección, para hacer cambios en tu persona y sentirte mejor.

Recuerda que el color penetra en la mente y en el inconsciente, y el mensaje que mandas se convierte en un estímulo directo.

El color es procesado por la mente humana en 90 segundos. Las encuestas de mercadotecnia aseguran que los seres humanos al comprar algo nos basamos ochenta por ciento en el color de la envolutura.

Escoge un color
¿Listo?

Rojo

Si escogiste el color rojo significa que eres una persona vital, energética, ambiciosa. El rojo es el color de la ambición, de la seducción, de la seguridad. Sin duda, es el color más violento pero también el más dinámico, es el que te impulsa a hacer las cosas, es el que te lleva a la acción.

¿Para qué sirve el rojo? Para estimular. Cuando se visten de rojo las personas son más activas que cuando usan otros colores. Por ejemplo, en restaurantes de comida rápida se usa el rojo para que aumente el impulso y la presión cardiaca, así consumen más y en menos tiempo.

Si te sientes cansado, si lo que quieres es moverte, despertar, llenarte de energía y sentir gran confianza en ti, vístete de rojo. Cuando sientas mucha flojera, tú o tu equipo de trabajo vístanse de rojo y escriban con este color. El rojo mejora la circulación, acelera el metabolismo, da poder, fuerza y pasión.

Sin embargo, usar en exceso el rojo puede ser contraproducente porque es el primer color que llega a la mente humana y, en exceso, el estímulo puede ser agresivo.

GRAFOTERAPIA

Escribe 21 renglones por 21 días, la frase en color rojo: "Mi letra es segura como soy yo."

AMARILLO

¿Quieres presentar un proyecto nuevo? ¿Quieres demostrar inspiración, creatividad y ganas de hacer las cosas? ¿Quieres estimular la mente y ser una persona propositiva? Pues todo eso representa el color amarillo.

A veces da pena decir lo que se piensa, hablar con pasión sobre las cosas nuevas, te puedes ayudar con el color amarillo, pues es vibrante, luminoso, crea luz, calor y abundancia. Tan es así que es el color del dinero. Si quieres abundancia, tira tu tinta negra y escribe en amarillo.

Sea lo que quieras hacer, la pasión es el motor de la innovación, y ¡ésta puede estar pintada de amarillo!

GRAFOTERAPIA

Escribe 21 renglones por 21 días, la frase en color amarillo: "Mi letra es innovadora como yo soy."

NARANJA

¿Escogiste el color naranja? Éste es el color de la diversión y la alegría, acelera el ritmo cardiaco pero no aumenta la presión sanguínea como el rojo. Para romper el hielo es el mejor de los colores, es alegre sin intimidar como lo hace el rojo. Eso sí, si estás a dieta es el peor de los colores pues provoca hambre.

Si un día amaneces triste o deprimido, usa color naranja.

GRAFOTERAPIA

Escribe 21 renglones por 21 días, la frase en color naranja: "Mi letra es divertida como soy yo."

AZUL

El azul es el color de la armonía, la eternidad, la inteligencia con fuerza, pero sobre todo del liderazgo. Por eso es el mejor color para una entrevista de trabajo, ya que refleja seriedad y al mismo tiempo frescura.

El azul es el mejor color para la dieta. ¿Has visto dulces en color azul? Claro que no, porque este color da calma, objetividad y te hace tener mayor claridad de ideas. Además es un color de seguridad y formalidad. Si lo que tú quieres es ejercer liderazgo y ser indetenible, ir con paso firme y seguro, empieza a escribir en azul.

GRAFOTERAPIA

Escribe 21 renglones por 21 días, la frase en color azul: "Mi letra es indetenible como soy yo."

VERDE

El verde es la calma, la confianza que sólo el reposo y la tranquilidad nos pueden dar. El color verde también refleja comprensión, es el color de la esperanza. Por eso muchas banderas llevan el verde porque refleja ese compromiso con la verdad. Observa los anuncios de ecología, de conciencia, llevan el verde, ¿o no? Este color representa la naturaleza, calma el ritmo cardiaco y dependiendo su tono puede curar, pues regenera.

GRAFOTERAPIA

Escribe 21 renglones por 21 días, la frase en color verde: "Mi letra es confiable como soy yo."

MORADO

Dicen que el morado es un rojo enfriado. Este color da fuerza y logra cambiar el sentido, es transformación, apertura pero también es el color que necesitas cuando quieres enfocarte a un cambio en tu vida, un cambio de trabajo o de pareja.

Si no te sientes con la fuerza de dar el siguiente paso, usa el color morado.

Si tuviste pérdidas, si alguien te lastimó, si terminaste con tu pareja, si estás en proceso de un cambio, si tuviste que reinventarte, el morado te ayudará a estimular la inteligencia, la sensualidad y a atraer el cambio de adentro hacia afuera.

GRAFOTERAPIA

Escribe 21 renglones por 21 días, con morado la frase: "Mi letra se transforma como yo."

NEGRO

Cuando un niño dibuja en negro nos espantamos, pero no hay por qué. El negro es elegencia, distinción, énfasis, sobriedad, necesidad de espacio y concretar. No necesariamente representa muerte o soledad; lo que sí refleja es misterio y distinción.

El negro crea contraste. Es un color que encoge, contrario al blanco, que da amplitud. También puede ser amor y respeto por uno mismo y por lo que se hace.

Si sientes que te falta amor por defenderte, escribe en negro, sin detenerte, con seguridad, que el color no te espante.

GRAFOTERAPIA

Escribe 21 renglones por 21 días, con negro, la frase: "Mi escritura es amor como soy yo."

NEGRO ROJO

Al inicio del capítulo ¿hubo un rebelde que no se conformó con un color y decidió escoger dos?

La combinación negro-rojo nos invita a competir y a combatir, a no cansarnos, a no darnos por vencidos. El rojo da energía y el negro distinción y poder, qué combinación, ¿no?

GRAFOTERAPIA

Si vas a enfrentarte a un reto nuevo o una competencia, mezcla estos dos colores en tu decreto y escribe 21 renglones por 21 días, con negro, la frase: "Mi letra es decidida como soy yo."

ROSA

Es un color romántico, delicado y suave. Refleja suavidad, calma, protección y reflexión. Es el color del cuidado y la prevención.

El rosa representa romanticismo, ilusión, tranquilidad y mucha calidez y dulzura.

Grafoterapia

Si te sientes muy irritable, de malas, o crees que eres muy directo con tus palabras, escribe 21 renglones por 21 días, con rosa, la frase: *"Mi letra es dulce como soy yo."*

Blanco

El color blanco es equilibrio, paz y amplitud. En la ropa engorda y en la casa da calma.

Grafoterapia

Escribe el decreto, 21 renglones por 21 días, la frase: "Mi letra es equilibrada como soy yo."

Ah, y si quieres sobresalir, no uses color gris por que el gris es como la h, no suenas ni existes.

Ayudas prácticas
Salud, dinero y amor

¿Cada Año nuevo te has puesto calzones rojos para atraer el amor y calzones amarillos para el dinero? ¿Das tres vueltas a la manzana con una maleta para viajar? ¿Has puesto un listón en la fotografía de la persona que te gusta para que le gustes? ¿Has realizado otros rituales buscando resultados parecidos?

¿Te han funcionado? Si tu respuesta es "No", lo que buscas está en tu mente, allí están las diversas posibilidades para tu destino. No puedes cambiar el pasado, pero sí el futuro. Veamos cómo atraer salud, dinero y amor a tu vida por medio de la grafoterapia.

Dinero

Tener dinero es, sin duda, cuestión de mentalidad. Hay quien nació para ser rico, quien nació ambicioso y tuvo la visión para lograr la prosperidad económica.

El marido de una de las cantantes más deseadas del mundo, Beyoncé, encabeza la lista de los vocalistas más ricos del planeta. La fortuna de Jay-Z se estima en 500 millones de dólares, su firma tiene el toque de Midas.

Si quieres que éste sea tu año de la fortuna, o el primero de todos, incluye un número en tu firma para que tu mente esté alerta y abierta a las oportunidades. Y si éstas no te buscan, tú las inventas.

Grafoterapia

Escribe 21 renglones por 21 días la frase en color amarillo: "Mi letra atrae dinero como yo." Incluye tu firma con el toque de Midas.

Amor y sexo

Existen infinidad de "recetas" para encontrar a la pareja adecuada. Los especialistas en lenguaje corporal dicen que es importante tener una buena postura, levantar la cabeza y bajar el mentón. Hay quienes afirman que los hombres rasurados son más sexys que los que tienen barba; que los hombres serios resultan más atractivos para las mujeres y que a ellos los atrapan las chicas que sonríen, que si los labios carnosos y los dientes blancos, que si el ser buenos conversadores... pero no hay receta, tip o consejo que sirva si no te amas lo suficiente.

Sí, el primer paso para encontrar pareja es, justamente, amarte a ti mismo, valorarte y disfrutar de tu compañía, saber que *no necesitas* de alguien, sino que *quieres* encontrar a una pareja con quien *compartir* lo que eres.

Grafoterapia

Empecemos por el tipo de amor que merecemos. Para ello, nada como trazar corazones. Cuando dibujamos un corazón expresamos de forma inconsciente nuestra actitud ante el amor. Si quieres tener un corazón lleno de amor, dibuja siempre que lo recuerdes corazones grandes y acolchonados. Eso te pondrá en la frecuencia adecuada para atraer el tipo de amor que quieres y mereces.

Luego, escribe 21 renglones por 21 días en color rojo la frase: "Mi letra enamora como yo."

Sexo

No, no me olvidé del sexo.

Tener una vida sexual saludable ayuda en diferentes niveles a: desarrollar tu inteligencia, envejecer mejor, resolver problemas de trabajo, mejorar el olfato, tener una buena condición física y, por supuesto, obtener un mejor estado de ánimo.

Grafoterapia

Intenta escribir la mayoría de las veces con letra muy gruesa, en color negro. Deja las plumas, plumines, lápices o lapiceros de punto fino y utiliza el plumón más grueso que encuentres.

Escribe diariamente –siguiendo las indicaciones del párrafo anterior– 21 renglones por 21 días la frase: "Mi letra es sexy como soy yo."

Salud

Como vimos en el capítulo 6, más allá de todos los consejos y remedios para paliar los síntomas de la enfermedad, es importante reconocer y tener presente que nos enfermamos porque algo sucede en nuestras emociones. Cuando nos duele el alma, se enferma el cuerpo.

Grafoterapia

Toma una hoja en blanco y escribe con tinta verde, a la derecha de la página, la palabra "sana" lo más grande y rápido que puedas para que se fije en tu cerebro, recuerda la regla: 21 renglones por 21 días.

Como alternativa o complemento, escribe con color verde, 21 renglones por 21 días, la frase: "Mi letra es sana como soy yo."

Palabras finales

Escribir este libro ha sido un sueño hecho realidad, el sueño más grande de mi vida.

Cada tema, cada pregunta, ha sido y será respondida través de tu letra, de tu magia, de tu personalidad. Hoy puedo decirte, amigo lector, sin ninguna duda, que las apariencias engañan pero la letra no, y que después de leer este libro jamás un solo garabato te resultará indiferente, pues mucho te estarán diciendo el trazo y la forma en que haces tus letras.

De corazón, mil gracias, sólo me resta preguntar: Y tú, ¿te atreves a escribir?

Grafomaniatics de María Fernanda Centeno
se terminó de imprimir en octubre de 2015
en los talleres de
Litográfica Ingramex, S.A. de C.V.
Centeno 162-1, Col. Granjas Esmeralda, C.P. 09810 México, D.F.